华夏文明印痕

大运河（杭州段）申遗纪实

杭州市政协文化文史和学习委员会　编

杭州出版社

前　言

　　世界文化和自然遗产是人类文明发展和自然演进的重要成果，也是促进不同文明交流互鉴的重要载体。保护好、传承好、利用好这些宝贵财富，是我们的共同责任，是人类文明赓续和世界可持续发展的必然要求。在举世瞩目的杭州第 19 届亚运会开幕式上，水墨西湖呈现国风雅韵，光影运河辉映华夏古今，薪火良渚点燃星灿夜空，人们看到了中华文化的源远流长、生生不息。这场独特的人文盛宴，勾勒出中华五千年灿烂文明的盛世风华，向世人彰显着"何以中国"的文化自信，也传递着文明交流互鉴、创造美好未来的共同愿景。

　　文化瑰宝、智慧结晶，世界遗产是先人创造并遗留下来的宝贵财富，是一个国家和民族文明延续、生生不息的内在脉络与创新创造的动力源泉。2011 年 6 月 24 日，"西湖文化景观"圆梦巴黎，杭州首个世界文化遗产诞生。2014 年 6 月 22 日，中国大运河，"花开多哈"，终成流动的盛宴，世界的运河。2019 年 7 月 6 日，阿塞拜疆巴库，"良渚古城遗址"牵手世界，五千年中华文明迎来高光时刻。西湖文化景观是自然与人文完美融合、和谐共生的典范，是持续性创造的"中国山水美学"景观的最经典作品。中国大运河是古代劳动人民创造的伟大水利工程，为国家统一、民族融合、经济发展、文化交流和科技进步作出了巨大的贡献。良渚古城遗址是实证中华五千年文明史的圣地，在中华文明探源工程中占有举足轻重的地位。

文化遗产蕴含着一个民族的精神基因和历史记忆，也是一座城市文化软实力的深厚体现。杭州，作为首批国家历史文化名城、"中国七大古都"之一，有着赓续千年的文明传统、山水园林的美学典范、"诗意中国"的东方意境和奔竞不息的创新活力，历史与现实交汇，自然与人文交融，浸透着江南韵味、凝结着世代匠心，向世界展现着东方文化的独特韵味和别样精彩。

"杭州素有'人间天堂'美誉，湖光山色、人文美景俯拾皆是。""杭州是中国的一个历史文化重镇和商贸中心，有千年以上的历史。"西子湖畔、钱江两岸，凝结着习近平总书记的真情厚爱和殷切期望。不论是在浙江工作期间还是到中央工作，文化和自然遗产的保护、传承与弘扬，在总书记心中重若千钧。他曾多次对杭州文物古迹保护、历史文脉挖掘和中华文明风采展示作出重要指示批示，亲自指导擘画这座历史文化名城的发展蓝图。

一枝一叶总关情。如何做好西湖文化的保护、传承、利用，习近平总书记一直挂念在心。"历史文化名城是杭州的'灵魂'，西湖是杭州的'生命线'。""要把保护放在第一位，对西湖风景名胜区内的生态环境、自然景观、文物古迹等尽最大努力予以保护。""切实保护好、管理好、利用好西湖，更好地发挥西湖在展示中华文化、促进世界文化交流中的积极作用。"

让古老大运河焕发时代新风貌，习近平总书记念兹在兹，深深牵挂。"把运河真正打造成具有时代特征、杭州特色的景观河、生态河、人文河，真正成为'人民的运河''游客的运河'。""大运河是祖先留给我们的宝贵遗产，是流动的文化，要统筹保护好、传承好、利用好。""大运河文化是中国优秀传统文化的重要组成部分，要在保护、传承、利用上下功夫，让古老大运河焕发时代新风貌。"

留住文化根脉、守住民族之魂，是习近平总书记的所思所行。"良渚遗址是实证中华五千年文明史的圣地，是不可多得的宝贵财富，我们必须把它保护好！""申报项目要有利于突出中华文明历史文化价值，有利于体现中华民族精神追求，有利于向世人展示全面真实的古代中国和现代中国。"

三项世界遗产已成为杭州的金名片，是杭州作为历史文化名城的重要标志，是杭州城市文化软实力的重要支撑，也是中华民族共有的精神财富，更是世界投向中华文明的认同与赞许。

"历史文化是城市的灵魂，要像爱惜自己的生命一样保护好城市历史文化遗产。""让收藏在博物馆里的文物、陈列在广阔大地上的遗产、书写在古籍里的文字都活起来。"沿着总书记指引的方向，加强文化遗产保护，把老祖宗留下的"根"和"魂"保护好、传承好、利用好，是我们的共同责任，也是人类文明赓续和世界可持续发展的必然要求。

2023 年 9 月，习近平总书记在浙江考察时强调，浙江要在建设中华民族现代文明上积极探索。要更好担负起新时代新的文化使命，赓续历史文脉，加强文化遗产保护，推动优秀传统文化创造性转化、创新性发展。运用杭州亚运会亚残运会、世界互联网大会等窗口加强文化交流传播，不断提升中国文化感染力和中华文明影响力。浙江省委书记易炼红在杭州调研时指出，习近平总书记对杭州明确提出"四个杭州"的定位和"四个世界一流"的要求，赋予杭州"历史文化名城、创新活力之城、生态文明之都"的城市定位。杭州要充分彰显其厚重的历史文化底蕴，深化文化遗存挖掘、整理、研究，持之以恒铸文化之魂、强文化之基、兴文化之业，做深做实

"传承弘扬"和"活化利用"两篇文章，要加强文物和文化遗产保护利用，更好展现中华优秀传统文化的永恒魅力和当代价值，加快打造浙江文化新名片新品牌。

"作为省会城市，杭州应在保护文化遗存、延续城市文脉、弘扬历史文化方面，发挥带头作用，做得更好。"打造一流历史文化名城是习近平总书记对杭州的殷殷嘱托。浙江省委副书记、杭州市委书记刘捷在世界文化遗产保护传承利用座谈会上强调，杭州要积极参与推动中华文明探源工程，充分发挥世界遗产综合效应，守好"真山真水"，促进"人、水、城"共生共荣，持续擦亮世界级文化金名片，把蕴藏在遗址文物资源中的文化基因、文明记忆、民族精神挖掘好、梳理好、阐释好。杭州要加快构建世界遗产群落，推进文化遗产的活化利用，推动城市历史文脉薪火相传，代代守护。使命贯通历史、现在和未来——杭州正精心书写古韵新章，将世界遗产"串珠成链"，传承、守护、共享世遗价值，向世界名城的道路上步履不停，大步前行。

承百代之流，会当今之变。杭州，是一座历久弥新的城市，有传承文化基因、保护文化遗产、弘扬人文精神、探索发展路径的历史责任。为了让这份遗产记忆更好地成为我们城市的生命力、创造力和凝聚力，为了铭记为申遗付出的不懈努力和艰辛历程，市政协组织作家采访、编撰了"杭州申报世界文化遗产纪实丛书"，以纪实文学的手法展示杭州三项世界遗产的"来龙去脉""前世今生"、申遗过程中的难忘点滴和动人故事。这既是对申报世界遗产工作的梳理和回望，更是市政协发挥文史工作专长，促进历史文化名城建设的生动实践，充分体现了市政协在推动文化繁荣过程中的责任与担当。这套丛书的出版，让这一段可歌可泣的宝贵历史成为一份永不磨灭的文明薪火，让今天和未来的每一个杭州人，在坚定文化自信中当好中华文明的薪火传人。

锦绣繁华看不尽，最是人间新天堂。杭州感怀深情厚意，迎着西子湖畔的晨光、向着钱塘潮涌的方向，厚植历史文化名城特色优势，赓续历史文脉，守正创新，担负起新的文化使命，在新的起点上继续推动文化繁荣，在历史进步中建设中华民族现代文明，在奋力谱写中国式现代化浙江新篇章中挑大梁、当先锋、打头阵，在中华文化璀璨的画卷上，留下浓墨重彩的一笔，为世界奉献一个锦绣繁华的人间新天堂，创建一个传统文化与现代文明相融合的城市新范例。

目 录
CONTENTS

001　序　章　远行之河

015　第一章　申遗之基：守护与治理

047　第二章　申遗之脉：从过去流向未来

077　第三章　申遗之核：运河到此最精彩

125　第四章　申遗之路：八年的坚守与努力

183　第五章　申遗之光：一河兴万家

211　尾　声　万里写入襟怀间

218　参考文献

221　后　记

远行
之河

序
章

历史翻开新的一页

梦圆之时。

2014 年 6 月 22 日，北京时间 15 时 19 分（卡塔尔多哈时间 6 月 22 日 10 时 19 分），联合国教科文组织第 38 届世界遗产大会主席敲下木槌。中国大运河获准列入《世界遗产名录》，成为中国第 46 个世界遗产项目。

此次申报世界文化遗产的中国大运河，包括贯穿中国中东部地区的隋唐大运河、京杭大运河和浙东运河。

依据历史分段和命名习惯，申报世界文化遗产的中国大运河共包括十大河段，申报的系列遗产分别选取了各河段的典型河道段落和重要遗产点，包括河道遗产 27 段，总长度 1011 公里，相关遗产共计 58 处。遗产类型包括闸、堤、坝、桥、水城门、纤道、码头、险工等运河水工遗存，以及仓窖、衙署、驿站、行宫、会馆、钞关等大运河的配套设施和管理设施，还有一部分与大运河文化意义密切相关的古建筑、历史文化街区等。

北京、天津、河北、河南、山东、安徽、江苏、浙江等 8 个大运河蜿蜒而过的省市一片欢腾，而杭州也成为少有的拥有"双世遗"的城市。

第 38 届世界遗产大会现场

　　"大运河是世界上最长的、最古老的人工水道，也是工业革命前规模最大、范围最广的土木工程项目，它促进了中国南北物资的交流和领土的统一管辖，反映出中国人民高超的智慧、决心和勇气，以及东方文明在水利技术和管理能力方面的杰出成就。"这是世界遗产委员会对中国大运河的评价。大运河是一处超大规模的线性文化遗产，见证了我国古代杰出的水利技术，促进了古代经济文化繁荣和社会进步，对于中华民族的发展具有不可替代的重要作用。

　　运河申遗成功之后，它的故事并没有告一段落：

　　2017 年 2 月，北京通州大运河森林公园，习近平总书记察看大运河沿岸生态环境治理成果时指出："要古为今用，深入挖掘以大运河为核心的历史文化资源。保护大运河是运河沿线所有地区的共同责任。"当年 6 月，习近平总书记对建设大运河文化带作出重要指示：大运河是祖先留给我们的宝贵遗产，是流动的文化，要统筹保护好、传承好、利用好。[①]

2020 年 11 月，江苏扬州运河三湾生态文化公园，习近平总书记沿着亲水步道一路察看，了解大运河文化保护传承利用取得的成效。他指出："千百年来，运河滋养两岸城市和人民，是运河两岸人民的致富河、幸福河。希望大家共同保护好大运河，使运河永远造福人民。""要把大运河文化遗产保护同生态环境保护提升、沿线名城名镇保护修复、文化旅游融合发展、运河航运转型提升统一起来，为大运河沿线区域经济社会发展、人民生活改善创造有利条件。"[②]

2023 年 9 月，正在浙江调研的习近平总书记乘车来到位于绍兴的浙东运河文化园考察。他步行察看古运河河道和周边历史文化遗存，详细了解浙东运河发展演变史和当地合理利用水资源、推进大运河保护等情况。习近平强调，大运河是世界上最长的人工运河，是十分宝贵的文化遗产。大运河文化是中国优秀传统文化的重要组成部分，要在保护、传承、利用上下功夫，让古老大运河焕发时代新风貌。[③]

[①] 蒋芳、包昱涵：《"大运河是祖先留给我们的宝贵遗产"》，新华网，2022 年 7 月 20 日。
[②] 《习近平在江苏考察时强调：贯彻新发展理念构建新发展格局　推动经济社会高质量发展可持续发展》，《人民日报》2020 年 11 月 15 日，第 1 版。
[③] 《习近平在浙江考察时强调：始终干在实处走在前列勇立潮头　奋力谱写中国式现代化浙江新篇章》，《人民日报》2023 年 9 月 26 日，第 1 版。

水流打开了一座城市的门

逐水而居。这是人类文明的基础，或者说，这是人类社会发展过程中一直遵循的基本规则，因为水是生命之源。但当人类文明发展到能够影响自然时，我们就开始改写河流的命运。

这是一项非常有开拓精神的创举，运河便是通达之路的尝试。当年隋炀帝杨广对运河的开掘和贯通，其思路是非常明确的：有效控制江南地区，特别是掌控调配江南丰饶的物资。

按照这一思路，隋唐大运河沟通了海河、黄河、淮河、长江、钱塘江五大水系，以洛阳为中心，北通涿郡（今北京），南达余杭（今杭州），全长 2700 多公里，成为中国古代南北交通的大动脉。它的开通，把沿线通都大邑有效地联缀在一起，密切了各地区间的联系，对加强隋唐时期南北经济、商贸往来、文化交流，维护全国统一和中央集权起了重要作用。杭州，正处于这条大动脉的南端，也是从那个时候开始，杭州真正进入世人的视野。这可以从隋唐前后关于杭州的诗文中得到证实。

杭州，作为京杭大运河的南起点，同时也是浙东运河的西起点。据《清季外交史料》记载，"船由沪来，先经拱宸，过省城，乃达江干，深入内地"。1908 年以前，拱宸桥是经运河北上沪、苏、宁、津、京等地的必经之路，也是自北入杭的要隘。

在运河之畔生活的人，哪怕对这条河有如家人般熟悉，也依然不能够熟谙它的一切。比如卖鱼桥边，有一条叫做贾家弄的小巷，这巷子或许和南宋那个"蟋蟀宰相"贾似道有些关联，或许没有，只是在很多年以前，这里是贾姓的集聚地。卖鱼桥在过去的许多年里，是恰如其名的，桥边有

隋唐大运河示意图

一个很大的农贸市场，此起彼伏的叫卖声和鱼腥气掺合着成为运河的景致。后来这个市场整体搬迁到了卖鱼桥桥西、信义巷和草营巷之间的河道上（在河道上铺设了路面作为场地），很是热闹了几年。现在又建设成为一条有着风俗特色的步行街。

上个世纪 80 年代的信义巷颇具江南风情，尤其是寂寥的雨点敲打着瓦片和石阶之时，它传递给人的是那种固执的青春的迷惑，如同戴望舒在《雨巷》中表达出的惆怅和缱绻之情。那个时候的信义巷里有茶室，是一个唱弹词和说评话的所在，茶室里有一个小小的木台，台上只放置一张方桌、一把椅子，说书先生就在这台上绘声绘色地表演着，常常有老人带着孩子去听。

上个世纪 90 年代之前，从杭州城区去周边的塘栖等地，或者到苏州、无锡，都是可以坐运河船的，这在当时很多人看来就是远行了。很多孩子都有过这样的经验，天还没放亮，便被父母催促着起来，去塘栖的船就要到了。在船上有一种人在旅途的恍惚，尤其当沿途河埠头那些洗衣妇的面容一掠而过时。出了杭州城后，河道变得开阔起来。春夏时节，两岸树木绿意盎然，而进入秋冬则又呈现出一种萧索的美，别有风情。

现在的运河周边，依然有一些茶室保持着过去的若干传统，但并不多见，人们享受的方式和追求的情调都已经有所不同。从杭州去塘栖，也已不需要坐船，汽车过去只有半个多小时的路程。这也许可以看作是诗意的流逝，这种从慢到快的转变，有时候会令人略感不适。

无论如何，正是这一脉河水改变了我们的生活，也是这一脉河水成为了我们生活的这座城市的镜像。

风平浪静与奇崛壮阔的变奏

《梦粱录》里有这样的记载，杭州的茶肆仿汴京，插四时花，挂名人画，还会根据时令变化奉上奇茶异汤。换句话说，素有"茶都"美誉的杭州，是茶文化的发源地。但这茶文化，如果没有蜿蜒河水的便利，还能够流淌到远处吗？就像在时间的河流中，它能够延续甚至发扬光大？

运河边的茶楼（园）大体是在近代兴起的，卖茶兼演戏，是后来杭城戏院、电影院的雏形。根据史料记载，从卖鱼桥到拱宸桥这一带，当时是杭州茶楼最集中的地方，大大小小的茶楼星罗棋布，这在郁达夫

运河边的老茶馆

等人的散文中可以找到一些蛛丝马迹。这些茶楼在浓郁的茶香中往往伴着民间文化艺术表演，最受欢迎的就是前面提到的在信义巷茶室中常常上演的评弹。

说起来，当时的一些文化艺术表演也是由运河水带来的。如杭州的第一部电影，就是在拱宸桥阳春茶楼放映的。1908年5月17日至22日，《杭州白话报》连续刊登大幅广告："拱宸桥新开阳春外国茶园，主人司点文生聘请英国美女跳舞大戏天下第一活动点光影戏新发明，电气留声机大戏三班合演。""影片数百幅，日日更换，无美不搜，尤为有目共赏。""诸君届时务惠临。准期四月十日（阴历）起每夜开映，价目：包厢4角，正桌3角，起码1角，小孩1角。"这个广告吸引了成千上万的杭州人，所谓"上到江干，下到湖墅"，人们争向拱宸桥一睹这个从未见过的新玩意儿，杭州人第一次在茶园里看到了无声电影，杭州也从那时起有了电影。

当年的一代名伶盖叫天，他出道时也是在拱宸桥的天仙戏院，那时他14岁，演出了《天水关》《翠屏山》《十八扯》等剧目，此后他沿着运河水

红透了大江南北。

在那些说书艺人的看家戏里，有一本《说唐》是极受茶客们推崇的。民间把运河的产生演绎成隋炀帝杨广的暴桀，似乎他是为了一己之私（下扬州）才劳民伤财下令开掘运河的。虽然杨广确实让隋朝走向了灭亡，但运河开掘以后的功能和效应早已得到明证。他或许更是一个充满了怪诞的想象力的帝王，他的热情和疯狂使他不屑于循序渐进：在时不我待的催促中，他是一个悲剧。尤其当他拍着自己的脖子笑谓："好头颅，谁当斫之！"这句话让人觉得风平浪静的运河也变得奇崛和壮阔起来。

从今天回眺历史，运河的开掘谁会说没有前瞻的意义？夜风料峭的月色下，沿着运河漫步，在闪烁的灯光的掩映里，不由会有"青山依旧在，几度夕阳红"的感慨。

一条河对于一座城的影响显而易见，杭州的繁华曾经吸引过多少人，以元朝时游历过中国的意大利商人马可·波罗为例，在他的游记中，对杭州着墨最多、内容也最丰富，他赞誉杭州是"世界上最美丽华贵之天城"。这或许有很大一部分功绩得归于运河。

历经两千余年的持续发展与演变，直到今天很大部分仍在发挥着重要的交通与水利功能的中国大运河，起码有几个时间点值得注意：

公元前 5 世纪，开始开凿。

7 世纪，完成第一次全线贯通。

13 世纪，完成第二次大沟通。

元末群雄并起，当时以贩盐起家、割据一方志在逐鹿的张士诚，为了运粮之便，决心改造运河河道，而正是他对运河南端的改造，才使得杭州运河有了今天的模样。

和世界上其他运河相比，无论是从时间的跨度，还是从空间的广度去衡量，中国大运河都有其特别之处：它是世界上唯一一个为确保粮食运输安全，以达到稳定政权、维持统一的目的，而由国家投资开凿和管理的巨大工程体系。

很多老杭州都记得，到20世纪末，仅在卖鱼桥到拱宸桥这绵延数里的运河之畔，就散落着多座粮仓等仓贮之库，运河对于民生的重要性可见一斑。这从另一个角度诠释了运河千古以来的繁华和忙碌。

当年的大粮仓富义仓的保护和利用，在若干年后的今天来看其保护理念是较为超前的。

如今的运河，水面之下鱼虾竞逐、淤泥深沉，沿岸两侧集市繁华、人声不息，只是没有了当年的春风和秋水。

是改变也是不变

很多游人徜徉于运河之畔，有时会从桥上望着河水中的石雕发呆，好奇它是什么动物。其实，这就是传说中的龙生九子之一——蚣蝮。蚣蝮好水，又名避水兽，头部有点像龙，不过比龙扁平些，头顶有一对犄角。身体、四肢和尾巴上都有鳞。在一些传说中，蚣蝮能吞江吐雨，负责排去雨水，所以在故宫、天坛等中国古代宫殿建筑群中经常可以看到蚣蝮的身影。人们还把蚣蝮石像放在河边的石礅上，认为这样就能镇住河水，防止洪水侵袭。

我们喝水，却不曾注视

杯盏中的大海荡漾？

静止于白鹭觅食的那一刻：

它的身子突然间消失，

事物之间的关联

在流动中那些门可曾打开？

好水而忘情？多雨时节的泛滥

在平静中依然有躁动

犹如它的静止，水的高度

从大海来到内河

风平浪静里，一个幻觉

终究有那些长久于

我们的眼睛所见：那些

命名的秩序，但翻云覆雨

有过片刻不曾遗忘

拱宸桥下的蚣蝮

这是一位当代诗人写虮蝂的诗，生活在运河边的人读来或许会有似曾相识的感觉。

回到中国大运河最基本的一个话题——"漕运"。漕运制度是我国历史上一项重要的经济制度。简单的解释是：由国家政府组织和管理，利用水路（主要是大运河水运，偶尔也采用海运）调运专门物资（主要是粮食）到首都（或其他由国家政府指定的重要军事政治目的地）的专门运输体系。大运河开凿之后，成为中国大地上的大动脉，大江南北的漕运变得四通八达起来，运河上"商船往返，船乘不绝"。自唐宋以来，经济重心不断南移，漕运愈发发挥着重要作用。而作为漕运的载体，大运河的重要性自不待言。毫不夸张地说，它对今日中国的形成产生了巨大影响，也对今天的一些文化传统和民间习俗的产生，起到了推波助澜的作用。

在13世纪到20世纪上半叶的时间跨度里，运河的航道也和黄河一样，有过改变，甚至二者有了交集。宋、金对峙战乱不断之时，运河航道泥沙不断淤积，航运渐渐中断，而这一时期黄河数次泛滥，淮河以北的大运河河道被其裹挟的泥沙所堵塞，之前以洛阳为中心的大运河体系成为历史定格。

1949年以后，经过治理，这条古老的航道恢复了勃勃生机。山东济宁以南的河段一直保持畅通，成为连接山东、江苏、浙江三省，沟通淮河、长江、太湖和钱塘江水系，纵贯中国东部沿海地区的水运主通道，也是世界上最繁忙的运输航道之一；大运河苏北段是国家北煤南运的"黄金水道"，承担了江苏北部地区绝大部分经济发展所需原材料的运输……

对沿线的城乡来说，大运河还在排涝、灌溉、供水等方面发挥着巨大作用。

漕政、河政、盐政……运河，蕴藏着一个国家和地域关于财富的秘密。

16 世纪，意大利传教士利玛窦乘船沿运河北上，当他了解到朝廷每年花在漕运上的开支达百万两白银之巨，不觉愕然且骇然，但他不知道的是，虽然耗费甚巨，但运河确乎是这片土地上的大动脉。中国大运河沿岸的众多繁华城市，构成了中国最早的都市群。

这样的一条河，怎么能不让人心生喜欢呢？怎么能不让人凝眸眺望呢？怎么能不让人感觉一瞬逾千年呢？正是在这样的背景下，2006 年，全国"两会"期间，在杭州市主导下 58 位政协委员联合提交了《应高度重视京杭大运河的保护和启动"申遗"工作》的提案，呼吁立即启动对京杭大运河的抢救性保护工作，并在适当时候申报世界文化遗产。同年 6 月，京杭大运河被国务院公布为第六批全国重点文物保护单位；12 月，大运河被列入国家文物局公布的《中国世界文化遗产预备名单》……

2014 年 6 月 22 日，北京时间 15 时 19 分（卡塔尔多哈时间 6 月 22 日 10 时 19 分），从这一刻开始，它被列入《世界遗产名录》。

在运河边生活的人与有荣焉。就在运河申遗成功的当天晚上，数以万计的杭州市民汇聚到运河南端拱宸桥畔，烟花灿烂，他们的心更为雀跃。此夜，人们正用大运河文化节开幕的形式，庆祝中国大运河申遗成功。

但这条河依然是平和的，不悲不喜，只是缓缓地、静静地流淌着。它既在变，又似乎从未改变，但这条河分明远行了，从春秋战国时的传说年代出发，在 2500 余年的远行中壮大、成熟，也在 2500 余年的远行中成为一个传奇。

而它所有的远行都是回家。

申遗之基：
守护与治理

1．荒园与花园

杭州能够成为东南名郡，运河的贯通起着举足轻重的作用。唐时，杭州倚借通江达海的大运河，与广州、扬州并列为中国三大通商口岸。南宋时期，江南漕运达到鼎盛，手工业和商业空前繁荣，杭州城市人口迅速聚集，跻身世界十大城市行列。明清、民国时期，运河两岸官办粮仓棋布，被誉为天下粮仓。

当我们回顾杭州城市发展史的时候，大运河，自然是绕不开的话题。它是杭州的发展之河，是杭州的人文之河，更是哺育杭州成长的"母亲之河"、维系杭州兴衰的"生命之河"。千百年来，杭州的发展与大运河紧紧联结在一起。因河而兴的杭州，对大运河有着一份挥之不去的情结，大运河的每一处变化与每一步发展，都触动着这座城市的神经，也牵动着生活在这座城市中每个人的心弦。

悄然发生的改变

江南地区自古就是"以舟当车，以楫当马"的水乡泽国，水运也就成了这里最便捷最经济的交通方式和商贸往来的主要运输途径。舟楫之便使杭州运河两岸率先跨入了机器轰鸣的工业文明时代：这里开通了浙江最早的铁路——江墅铁路，创办了浙江最早的民族工业企业——通益公纱厂……杭州乃至浙江工业文明的曙光，也最先在拱宸桥头亮起。此后的百余年间，运河沿线成了杭州重要的工业基地，运河两岸厂房林立、机器轰鸣，纺织、造纸、医药、化工、印染等企业云集，杭州第一棉纺织厂、浙江麻纺厂、杭州丝绸联合印染厂、华丰造纸厂、杭州钢铁厂……"大厂时代"一路热火朝天、高歌猛进的同时，大运河也悄然发生着改变——

昔日繁华热闹的老字号、戏院、茶楼和书场开始日渐萧条；运河两岸的历史文化遗存、遗迹也随着时光而消逝；人们在运河边淘米洗菜、游泳嬉戏的情景也已一去不返；富有水乡韵味的运河景观也不复存在，散乱、拥挤、垃圾、污水成为运河的标签，"十里银湖墅"，竟然成了人们渴望逃离的所在。

然而，最严重的还是水污染。

民国时期位于拱宸桥畔的鼎新公司纱厂

保护刻不容缓

20 世纪 80 年代，曾有一班往返于苏杭之间的"天堂号"客轮，沿运河朝发夕至，"闻到臭，杭州到"，游客们的这句话着实让杭州市民颜面尽失。

从地理地貌的角度观察，大运河（杭州段）是杭州主城区水位最低的地表河流，也就成了全市各类河水、地表径流和众多支流的主要受纳水体。由众多支流带入的污水，直接污染了运河水质。由于缺少排污设施，多年来运河两岸的工业废水和生活污水大多直排运河。一个

通益公纱厂

数据至今让人触目惊心：1998 年，杭州市区工业污水直排运河的比例高达 67%。随着运河两岸人口的增加，生活污水也日益增多，加之往来运输船只的生活垃圾大多直抛入河，黑、臭成了运河水体的常态，居住在运河两岸的 40 万居民饱受环境污染的困扰。

本就自净能力脆弱的大运河，面对不断排入的工业和生活污水，几乎毫无应对能力，每年因水体污染而造成的损失高达数亿元。运河如同一个天然排污场，鱼虾绝迹、恶臭难闻，成了杭州市区污染最严重、水质最差的"龙须沟"。

不单是杭州，运河沿途各地的情况也都不尽如人意：在有的城市，古运河不仅断流，还成为乱抛乱弃的垃圾场，有的则成了城市生活的排污沟；

20 世纪 80 年代的拱宸桥两岸

防护林被砍，湿地恶化，生态环境受到破坏。污染，正在摧残古老的大运河。

我们的运河怎么了？我们该怎么做？这大概是当时很多杭州人共同的心声，或者说，是运河流经的很多地方的人共同的困惑。许多人心中都有这样的疑问，进入 21 世纪后，交通方式加速迭代，我们还有必要对这条垂垂老矣的古老河流恋恋不舍吗？

杭州一直希望运河尽快改变这种状态，成为新的文化亮点、新的城市品牌，而这一切需要一个契机。这不是个别人的突发奇想，而是形成了一种共识。事实证明，这是一场旷日持久的努力，是一种价值观的突破，也是对过去岁月的凝神回望和对未来的期许：它蕴含着历史、文化和成为精神的力量。

2. 规划勾勒未来

大运河的历史、现实和未来都在向人们表明，运河的整治已不再是单纯对运河本身的治理，而是与城市民生、文化遗产保护、可持续发展、产业转型、环境治理、商旅融合等事关社会经济发展的综合问题紧密关联，已是一项跨领域的系统工程和公共性的城市议题。

运河的"新世纪"来了

从古至今，治水修河都是安民兴邦的大事。治理好大运河，让千年运河奔涌新活力、续写新华章，离不开历史思维、发展思维和创新思维。杭州市委、市政府结合既往经验，通过体制创新、机制创新、理念创新和方法创新，用全新的思维对大运河（杭州段）开展综合整治与保护开发。

2000 年 1 月，杭州市九届人大五次会议召开，会上有关运河综合治理的议案多达 9 件。大家一致认为大运河（杭州段）对杭州的经济发展和人民生活至关重要，运河的污染十分严重，制约了城市社会经济的发展。这次会议通过了《关于加快运河综合整治的决议》，"要求市政府加大环保法、水污染防治法的执行力度，加快运河综合整治，采用截污、清淤、驳坎、配水、绿化、保护、造景、管理等综合措施，对运河分段分期加以整治"。

这当然不可能一蹴而就，所以会议提出了近期和远期的目标——近期2000 年至 2004 年的运河整治目标：运河市区段三堡至坝子桥水质达到Ⅳ类以上水体，坝子桥至义桥及余杭段达到Ⅴ类以上水体，两岸环境质量明显改观，河面无漂浮物，夜间航运噪声得到有效控制。远期 2005 年至 2010

年的整治目标：运河杭州段全线水质达到IV类以上的水体，两岸营造高质量、高品位的河道环境。

两年后召开的杭州市第九次党代会，将"运河（杭州段）综合整治和保护开发工程"列入了21世纪城市建设"十大工程"。也是在这次党代会上，向全社会发布了"还河于民、申报世遗、打造世界级旅游产品"运河综保的三大发展目标。这是目前能够查找到的最早将运河申遗作为工作目标而写入的正式文件，时间是2002年1月，距离大运河正式启动申遗，整整提前了4年。杭州在全国率先吹响了运河申遗的集结号、发出了动员令、扛起了先锋旗。

不谋全局者，不足以谋一域。虽然距离大运河正式申遗还有4年，但是杭州大运河综保工程已然正式启动，一套大运河综合治理的杭州方案在运河两岸徐徐铺展开来。

2003年4月，对于大运河（杭州段）的整治与保护而言，是一个难忘的节点：杭州市京杭运河（杭州段）综合整治和保护开发指挥部、杭州市运河综合保护开发建设集团有限责任公司挂牌成立，实行"两块牌子、一套班子"，并在沿线城区和杭州市交通局设置分指挥部。由此，大运河（杭州段）的保护从多头管理中摆脱了出来，进入规范化管理的"快车道"。

杭州市第九次党代会

这一年，在市政府工作的朱坚白就任运河综保指挥部副总指挥，并且一干就是7个年头。

回忆起当时的情形，他依然有些激动："运河综保指挥部的成立请示打上去不到一个月，浙江省机构编制委员会就下了批复。"足见省市两级对运河保护与综合治理的高度关注与重视。新成立的运河综保指挥部的主要功能被定为四大项：京杭运河杭州主城区段沿岸的土地开发利用、公共配套设施建设、项目建设和运营管理；承担京杭运河杭州主城区段综合整治与保护开发中相应的资金保障；城中村改造、污染企业搬迁和运河水环境治理。同时，开展资本运作和资产经营活动，重点发展以旅游休闲、文化创意产业为主的现代服务业。

运河综保指挥部成立伊始，总指挥陈述带领一班子人，马不停蹄展开了全方位的深入调研，北上南京、上海，南下绍兴，学习秦淮河、黄浦江、护城河整治与开发的经验；摸排运河沿线现状，找出问题症结，最后确定了大运河（杭州段）综合保护的思路——以规划为先导、以环境整治和基础设施建设为先行、优化升级地块功能。通过对大运河（杭州段）的综合整治与保护开发，改善周边地区生态环境，提升土地价值，刺激运河沿线地区经济增长。

2003 年 7 月，市委九届五次全会又提出了坚持"河、岸、绿、路、景、房"六位一体，提升和强化"文化、旅游、生态、休闲、商贸、居住"六大功能。

2004 年，运河综保指挥部在《京杭大运河（杭州段）综合整治与保护开发战略规划》的基础上，编制完成了《京杭大运河（杭州段）控制性详细规划》，运河（杭州段）综合整治与保护开发有了明确的范围和边界：南起江干区三堡船闸，北到余杭区塘栖镇镇北地带，总长约 39 公里，两岸用地各宽 1000 米左右，局部放宽到 1500 米左右。规划用地约 78 平方公里，规划期限为近期（2001—2005 年）、中期（2006—2010 年）、远期（2011—

2020年）。这一规划还对运河文化融合发展进行了谋篇布局：杭州市将着力提炼运河沿岸历史建筑的元素与符号，增加两岸景观，丰富文化内涵。通过努力挖掘千百年来运河沿岸宗教、茶艺、饮食、丝绸、戏曲文化，按照"修旧如旧"的原则修复或复建古典园林、桥梁古道等，着力提升运河旅游文化功能。

在省市党委政府的关心支持下，运河综保指挥部在详细规划的基础上，制订了《京杭运河杭州段综合整治和保护开发十一五规划》。围绕"还河于民、申报世遗、打造世界级旅游产品"这三大目标，运河综保指挥部开启了运河的加速治理：对杭州运河水质、景观、桥梁、道路、古街、古建筑等进行了全面提升和改造，形成了一条以自然生态景观为核心主轴，以历史街区、文化园区、博物馆群、寺庙庵堂、遗产遗迹为重要节点的文化休闲体验长廊和水上旅游黄金线。

大运河（杭州段）二通道的开挖也是在运河申遗之前提上议程的。拟建的运河杭州段二通道位于杭州市东部的临平，全长约27公里，规划总投资约29亿元。这是杭州市当时对运河未来的谋划。这一谋划一直贯穿在杭州的城市规划中，杭浦高速（2008年建成）为它预留了通航通道，之江东路等为它预建了大桥。

截至2011年底，运河综保项目投资总额已达150多亿元。通过修缮沿岸历史街区，改善民居3000余户。整治运河支流，整修和新建桥梁，贯通主城区段两岸游步道，整治新增休闲绿地2000余亩，自然生态得以修复和提升，受益市民超过200万。

完美诠释"城河共兴"

从发展的眼光来看，古老的京杭大运河、曲折的钱塘江、璀璨的西湖明珠，构成杭州江河湖三水共导的环境优势。杭州市将充分发挥运河"水旅游"资源作用，以缓解西湖"水旅游"的超负荷状况，并力争把古运河打造成杭州的"塞纳河"。

2004年12月，杭州市旅委宣布，经过包括两名国际专家在内的编制组耗时半年的努力，《杭州大运河国际旅游区旅游策划与城市概念设计》通过专家评审。《大运河旅游规划》的规划范围为京杭大运河杭州段（三堡—塘栖北）及其沿岸地段，并以北起石祥路、南至三堡船闸的运河段为重点。

这一规划编制组的组长是北京大学旅游研究与规划中心主任吴必虎教授，他供职的北京与杭州一南一北，刚好在运河的两头。他认为，很少有城市能够像杭州这样，拥有一套令城市引以为豪的运河体系，大运河（杭州段）拥有成为世界旅游品牌的独特素质。

在吴必虎的构思中，这个规划旨在将大运河打造成一个面向国际市场的黄金旅游产品，以吸引更多国际游客的目光。同时，规划编制组专家认为，打造大运河经典的国际旅游形象，必须是一个政府项目，才能获得经济、社会、环境各方面效益的共赢。以政府为主导，进行河水净化、沿岸文物保护等管理，今后的大运河将成为继西湖之后，杭州又一个开放的、具有城市象征性的公共旅游产品。

在重新定位规划后，经过开发利用，运河杭州段将"再生"成为集商贸、居住、旅游、休闲、景观、生态等多功能合一的运河地带，完美诠释"城河共兴"的概念。

　　从后来实际的效果去看，规划在保护沿岸历史文化遗存及其周围的历史风貌的同时，又充分考虑到现代人对生活和文化的欣赏，并开创性地提出"主客共享"模式，在满足市民拥有舒适的居住环境和健身游憩空间的同时，在语言、解说词、指示、购物等方面全方位地便利游客。

　　规划的要点，在此后已经陆续实现。当时预计整个工程将于2010年正式完工。2005年年初对运河全线生态、景观的改善工程全面展开，重点是运河污水治理及水质净化。对余杭塘栖镇、拱墅区境内河段在内的古运河传统文化的发掘、保护和利用工作，贯彻了整个工程的始终。

　　得益于大运河旅游规划，夜游运河的愿景照进现实：游船徐徐前进，一

大运河流经三堡船闸与钱塘江交汇

座又一座桥梁不时从头顶掠过，月色下两岸民居一片静谧，社区雕塑、健身器材、凉亭以及远处高楼勾勒出了这座休闲城市的轮廓。

3. 治水"攻坚战"

杭州因水而名、因水而生、因水而兴，千里大运河通过市区的水系，贯通起江、河、湖、海、溪，是杭州水网的大动脉。水润民心，泽被万物。保护运河水生态、治理运河水环境，不仅关系到申遗成功与否，更关系沿岸百姓福祉与城市的未来。做好"水"的文章，就是要坚持清淤与截污、引水与护水相结合，改善运河水质。

清淤与截污

20 世纪 80 年代，国家"六五"计划重点科技攻关项目——"运河（杭州段）污染综合防治研究"的课题悄然启动。这个历时三年的研究课题，确定了以截污、调水、疏浚等为主要方向的运河治理方针。1983 年底，杭州又启动了京杭大运河与钱塘江沟通工程，通过新建的三堡船闸，实现"江河奇汇"，这项耗时五年的大工程，使大运河终于有了活水注入。1985 年，我国最早的特大型城市污水处理厂之一——杭州四堡污水处理厂开工新建。这家污水处理厂和另外两项污水处理工程可以处理 30% 的杭州城市污水，但每天仍有近 50 万吨的污水通过排入支流等方式流入了大运河。

很快，大运河（杭州段）截污纳管处理工程（又称杭州市第三污水系统）被列入杭州市"八五"重点工程项目。1993 年，大运河（杭州段）截污处理工程建设指挥部成立，投资 9.4 亿元的大运河（杭州段）截污纳管处理工程也同步开工建设。

"运河的脏乱差是出了名的，每到夏天，臭气熏得沿河居民都不敢开窗子。我们要做的第一步就是清淤和截污。"多年以后沈卓恒依旧记忆犹新。1994 年，土木工程专业的沈卓恒分配到了截污处理工程建设指挥部，从事杭州城北大运河片区的污水治理工作。他戏称自带"运河基因"，至 2019 年调离运河集团，他和大运河打了 25 年的交道。

清淤是解决历史欠账，而水里的问题还得岸上找。当护河工人日夜不

运河航道清淤疏浚

停地进行运河清淤工作时，运河两岸的整治工作也在有条不紊地进行。病症在水里，根源在岸上，关键在截污。作为杭州水网的大动脉，大运河（杭州段）沿线开始铺设一条长度 10 公里的污水运输主干管和 80 公里的 5 条支干管，这些污水管道将原先每天排入运河的近 50 万吨污水集中送入了污水处理厂。2001 年，历时八年的"杭州市第三污水系统"正式建成。从清淤、检测，到修复、改造，大运河（杭州段）雨污不分、混接错接、管网淤塞等老大难问题，破冰销号，从源头上得到了治理。大运河（杭州段）也实现了"雨水入河、污水进厂、污水减少、提质增效"的初步治理目标。当年，治理的成效就开始显现：从 2001 年开始，大运河拱宸桥水域断面居高不下的高锰酸盐指数、氨氮含量和总磷含量等三大指标迅速回落。

引水与护水

没有对运河水的治理，就难以实现真正意义上的保护。然而运河水清绝非旦夕之功，还需要长久不息的努力：2006 年，杭州为大运河修建了专用的"水龙头"——三堡引水工程。经过 5 个多月的奋战，这项全长近 1 公里的工程顺利竣工，该工程在原有船闸设施范围内增加了一个专用引水通道，单独承担配水任务，钱塘江水通过闸门源源不断流入大运河。设计引用流量每秒 25 立方米，最大引用流量每秒 35 立方米，年配水量 5 亿立方米，相当于 50 个西湖的水量。工程竣工后，京杭大运河杭州市区段的水质从劣 V 类上升到 V 类，一步步得到了改善。

2012 年 9 月，杭州市成立了运河及城市河道长效管理领导小组及运河清洁水体办公室，仅过了一个月，就出台了《杭州市运河清洁水体专项行动方案》，杭州市相关各部门协同努力，一步步攻坚克难，把进一步改善水质作为工作的重中之重。根据方案，要全面整治运河市区段（三堡船闸—义桥）沿岸排污口，消除污水直排运河，形成系统化、常态化的运河清淤疏浚机制和科学管理养护机制，运河市区段水质达到或优于地表水环境质量 V 类水体标准，市控以上断面水质达到或优于Ⅲ类标准的比例大于三分之二。到申遗成功前，运河水环境质量得到明显改善。

清淤截污引水护水，从治污到生态修复，大运河的水污染治理一直在持续推进和深化。这一点，也是申遗工作中极具价值的部分，申遗，激发起古老运河的无限潜能。运河水终于完成了由"脏"到"净"、由"净"到"清"、由"清"到"美"的蝶变。

4. 守护记忆

历史文化遗产是运河综保的最大资源，也是申遗的核心资源。杭州运河综保通过有效的保护与恢复，形成以运河为轴线，以历史文化街区、历史遗址保护区和历史文化名镇为核心，以沿河历史建筑、历史桥梁和历史遗存为重要节点的运河传统文化长廊，使大运河（杭州段）真正成为流动着的文化遗产。

抢救"国宝"的一封信

2013 年列入全国重点文物保护单位的富义仓，在 2001 年曾险些被拆除，小河直街、桥西直街等运河沿岸保存着明清至民国时期风貌的历史街区，曾经也都面临彻底消失的境况。

2001年12月初，正在住院的第九届全国人大常委会委员、浙江大学历史系教授毛昭晰得知运河边的历史街区将被拆除的消息，心急如焚，不顾身体安危跑到小河直街现场察看，还闯入运河文化研讨会的现场，指着横幅向与会人员发问："我首先要问，什么是运河文化？运河文化包括哪些内容？通过什么载体体现？运河文化的载体是桥梁、码头、仓储、历史街区等文化遗存，把这些文化遗存都拆掉，还谈什么运河文化？运河是世界重要的文化遗产，运河的文化遗存一处都不能拆！"

回到病房的毛昭晰连夜给杭州市委主要领导写了一封长达6页的信："运河文化离不开历史，离不开运河两岸的历史文化遗存，包括历代建造的桥梁、码头、河埠、仓储建筑，以及沿运河两岸的历史街区等等。如果拱墅区最后的河埠头拆掉了，最后的仓库拆掉了，小河直街和拱宸桥西的历史街区被改造成新区，剩下的只是运河两边的钢筋水泥建筑。那么，即使运河的这一段，水再清，草皮再绿，也无法替代古老的运河文化遗存……"

2001年12月10日，省委常委、市委书记王国平作出批示：离开了这些历史遗存谈运河文化，或是南辕北辙，或是本末倒置……未拆的绝不能拆，正在拆的要立即停止，已拆的要妥善修复。

小河直街保住了，富义仓也保住了。按照历史的真实性、风貌的完整性、生活的延续性、人与自然的融合性原则，运河综保开展了对小河直街、大兜路、桥西直街等历史街区和文化遗产的保护性"改造"，小河直街成了城市有机更新的典范，还获评"中国人居环境范例奖"。

大运河畔的历史街区

传承中焕发新生

2003 年，自小在塘栖读书的沈昱回到塘栖，担任镇党委书记。

塘栖镇位于江南运河嘉兴—杭州段的南端，大运河穿镇而过，是大运河（杭州段）的北门户。元末，张士诚发动军民开挖经塘栖、武林头至江涨桥段运河，形成了现今大运河在杭州市境的走向，塘栖也因此而日益繁荣。明末清初，塘栖已是运河上著名的水路码头，位列江南十大名镇之首。

塘栖镇上三条弄堂和明代古宅是留还是拆的问题，已在民间争论了好些年。位于镇中心的太史第弄、郁家弄、沈家弄是塘栖原有的 72 条半弄中，仅存的最后三弄，弄内封火墙高耸、石库门洞开、藏刹房相连，建筑风格极具代表性。在明清文化史上卓有成就的文学家卓人月的故居也深藏于此。

由于多数住房年久失修，墙体出现倾斜，已成危房，如不加修缮必会倒塌。"老破旧"的街巷还要保留吗？塘栖面临着抉择。沈昱决定带领班子成员外出考察，来到那时候已经颇有人气的上海朱家角和桐乡乌镇学习古镇保护与创新发展的经验。"看了别人的，想想自己的，走了一圈下来，大家的意见也都趋于统一，就是'守住根、留住人、焕新生'。"沈昱回忆，参观回来，班子成员都很有触动，很受启发，大家统一了思想，作出了最终的选择，"这些遗迹记载着历史，代表着运河文化的积淀，一定要保留。"随后，三条半弄堂中的住户全部迁了出来，房屋由政府出资收购，同时启动对三条半弄

塘栖廊檐街

的全面保护和修复。

在沈昱的眼中，那时的塘栖古镇已被拆得七零八落。"因为这座桥还在，我就要保护塘栖的历史文化。"他口中的这座桥，就是大运河上仅存的七孔石拱桥，500多岁的广济桥。

守护好运河历史文化遗产，对塘栖的父母官而言，是工作，更是使命。为更好地保护和开发"家门口"的运河古镇，塘栖成立了水乡古镇保护开发领导小组，沈昱担任组长。他做的第一件事，就是主动登门，对接刚成立不久的运河综保指挥部，双方"一拍即合"，经过磋商，合资成立塘栖运河综合保护开发建设有限公司，对塘栖的古建与街区进行保护利用。

为确保广济桥安全，早在1997年，浙江省政府投入8000多万元，征用土地340余亩，在塘栖镇北另辟水道，历时两年，于德清县交界处新挖出一条运河，船只有了新水道可走。2006年7月，有关部门对广济桥水域

广济桥与塘栖古镇

实施封航，从此改变了运输船只经过广济桥的历史，为日后永久保护广济桥创造了条件。2007 年，总投资 200 余万元的广济桥修缮工程顺利完成，雄伟的七孔石拱桥焕发了新的光彩，这是广济桥近年来进行的最大一次修缮。

塘栖镇还本着"修旧如旧"的原则，全面修缮了留存下来的"过街楼""美人靠"；为乾隆御碑建造了遮风挡雨的"亭楼"；修复了郭璞古井、西溪讲舍碑与何宅……水北的老宅、古弄，大运河塘栖段的历史风貌又回来了。

多年以后，广济桥成为大运河（杭州段）申遗的六个遗产点之一。

站在广济桥上眺望，平阔如镜的大运河，犹如一条绿色飘带伸向远方，水流在阳光照耀下闪着光芒，构成一幅天然图画。这份美好，来之不易。

5. 以民为本的运河综保

大运河既是一条经济之河、文化之河，更是生活之河。如果说，古代帝王修建运河是为了稳固江山，那么今天大运河的综合整治与保护开发就是为百姓造福。杭州把"既依靠人民，更为了人民，尊重、造福沿河百姓"作为运河综保的出发点和落脚点，真真切切地将人民对美好生活的向往不断变为现实。

"还河于民"的民生账本

2004 年，运河综保指挥部成立后的第一项民生工程，就是对大运河上的桥梁进行整治。

对大运河而言，桥梁仅仅承担交通功能显然是不够的。杭州运河主城区段的桥梁，除了拱宸桥使人产生历史和文化的遐想，其他现代桥梁大多注重交通功能而忽略了对运河文化的传承及与周边环境的协调，显得呆板而缺少特色。

陈述带着指挥部班子成员，徒步对大运河（杭州段）主城区的所有桥梁及周边环境进行了实地调查。14公里、25座桥梁，他们整整走了一天。在摸清了基本情况后，更坚定了整治的决心："家门口的桥梁应该是一道亮丽风景线，打好桥梁改造这一仗，不仅能让老百姓出门见景，更可赢得全社会对运河综合整治的信心。"

随后，运河综保指挥部提出了"四个结合"：桥梁整治与运河文化相结合，保留桥梁结构美，体现中式桥梁朴素、简约、精致风格；桥梁整治与桥梁养护相结合，以延长桥梁的寿命；桥梁整治与"以人为本"相结合，

十里银湖墅

使市民游客能在桥上行、停、休息和观光；桥梁整治与周边环境改善相结合，使桥与周边环境融为一体。

2004 年 8 月，运河综保指挥部向全国 16 家设计单位发出了设计邀请，对首批 13 座运河桥梁进行景观方案设计。短短一月余，就收到了 64 套方案。此后，通过媒体上张榜公布并在武林广场上举办运河桥梁整治工程设计方案评选活动，邀请市民对设计方案进行评选，选出百姓心目中的运河桥。

不曾想，评选第一天就有 3000 多名热心市民和外地来杭的游客参加活动。许多市民更是闻讯特地从各处赶来，特别是一些住在运河边或曾经住在运河边的市民，相约着成群结伴来参加评选。许多市民游客不仅填写了选票，还留下了许多意见和建议。短短 3 天时间，有万余名市民游客通过现场评选或来电、来信的方式参加了活动。

2005 年初，运河桥梁整治正式开工建设。

大运河（杭州段）在地理上，路径岸线长、辐射面积广、牵涉人口多，并且自北向南串联起了杭州主城最经典的城市中心。运河综保的一点一滴，都是关涉百姓生活的大事。

还河于民，不仅还水清于民，还要还"两岸"于民。曾任运河综保指挥部副总指挥的郑翰献回忆，2006 年前运河边的绿化带并不贯通，而是一段段圈在沿河小区的围墙里，岸线还被各类企事业单位所占据，"要还河于民，就得将两岸打通，拆墙透绿"。花了一年的时间，郑翰献带领团队对沿岸单位一家家说服解释，又对沿线小区挨个做工作。"我们对居民代表说，绿化带并不是从小区里划走，而是敞开对外，共建共享。打破的是一道围墙，串起的是一道风景。"拆墙透绿的理念获得了老百姓的认同。最终，运河综保指挥部把运河两岸沿线 50 米的绿化带全部"解放"出来，建成了集休闲、

市民在运河边锻炼

健身、观光于一体的运河沿线慢行系统，市民多了个散步的好去处。

借地生财，自主选择

2007 年，杭州市京杭运河（杭州段）综合整治和保护开发指挥部更名为杭州市京杭运河（杭州段）综合保护委员会。运河综保坚持"保护第一、生态优先、拓展旅游、以人为本、综合整治"五大理念，落实"精心编制规划、创新运作体制、多元筹措资金、修复人文生态、改善自然生态、再现旅游景观、改善居住条件、完善交通网络、落实长效管理、深化运河研究"十大举措。

名称的改变，体现的是发展观念的跃升，折射的是思想观念的革新，展现的是经济社会的发展。随着运河综保的深入，杭州也随之探索出了一条

"统一领导、市区联动，政府主导、市场运作，科学规划、分步实施，综合整治、保护开发"的运河综保的新机制与新模式。

运河综保工作千头万绪，牵涉方方面面，仅靠政府的投入肯定难以为继。杭州创新运作体制和资金筹措方式，坚持政府主导，市场运作，为运河综保提供了切实的保障。在运河综保一线工作多年的郑翰献对此深有体会。运河综保委在规划编制、政策完善、组织协调、拆迁安置、质量监管等方面发挥主导作用。而杭州运河集团作为企业，是投融资的主体，通过发挥市场的资源配置作用，对运河地块、基础设施、建设项目等运河资源进行市场化运作。"当时的办法是'借地生财为主、财政投入为辅'"。通过运河区块的"退二进三"，置换企业用地，实现"借地生财""借地发展"，形成"自行借贷、自行建设、自行经营、自行还贷"的良性循环路子，解决了"钱从哪里来、地到哪里来、人往哪里去"三大问题。说起这段往事，郑翰献不无感慨："这是许多城市有想法没办法的难中之难。我们在运河综合保护上投入了111个亿，基本上是通过推进市场化手段来自行筹措的，而且做到了最终不直接花财政一分钱，实现了资金的自有平衡。"

2007年，已经担任运河综保委工程处处长的沈卓恒开始负责小河直街历史街区的改造。那时的小河直街，聚集着七八十年历史的平房和两层木结构小楼，人均居住面积只有7平方米，没有卫生设施和下水道，居民还过着倒马桶的日子。

"有一部分居民渴望搬出去，也有一些老年人在这里住得久了，有感情，不想离开。"沈卓恒说，街区改造采取了"分门别类"的办法，由居民自主选择。55%的居民选择就近安置，住上了采光通风完善的公寓楼。45%的居民决定回迁，工程部则在保护建筑外表历史风貌的同时，对内部进行

运河的历史与新生

彻底改造，预埋各种管线，建好卫生间，扩大了人均居住面积，使回迁居
民的生活质量有了极大提升。"我们修复的就是具有杭州特点和运河特色的
传统住宅建筑，我们鼓励回迁，这样保留了人气，保留了原生态，也保留
了运河的历史传统和地域生活方式。"

事实证明，继小河直街之后，大兜路、桥西直街等经过改建和修缮的历史文化街区，不仅保留了依水而居的原有历史风貌，居民生活品质也得到了很大提升。在运河沿岸的历史文化街区，除了能感受到大运河原汁原味的生活气息外，还有各具特色的民俗风情，不仅为街区居民的生活提供

着便利，也为游客提供了休闲游憩和文化体验的场所。沈卓恒说："我常想，开展综保以来，运河又活了，老百姓对运河又亲近了。"市民对美好生活的期许，正是对"人民的运河，游客的运河"理念的一以贯之。

拆迁赢得了民心

作为运河综保二期工程的首批重点项目，从 2007 年起，小河直街的整治保护正式启动。市委、市政府要求一期重点保护区当年拆迁、当年建设、当年开放，对运河综保指挥部而言，压力不可谓不大。

小河直街是杭州市 20 条历史文化街区之一，它的拆迁与整治保护是杭州市重点保留建设的文化工程，也是运河申报世界文化遗产的标志工程，更是当地居民群众迫切要求改善住房现状、提高生活品质的民心工程。运河综保指挥部和拱墅区不被动应付、不盲从蛮干，而是坚持调查先行，把功夫花在前期，实现了决策执行的主动性、科学性。拆迁工作组一方面通过报纸、电视、电台和流动宣传车开展形式多样的宣传，使政策家喻户晓。针对住户的顾虑，工作组对症下药，换位思考，设身处地地帮助住户算好"经济账""名誉账""法纪账"。工作组还发动基层社区干部，让他们担当"排头兵"，创造了以时间倒排、责任到人为特征的全天候上门入户工作法。"你放假、我上班；你下班、我上门"，耐心细致地进行思想引导和说服开导，把政策带到每一户拆迁户家中，把工作做到每一名拆迁群众心里。对少数不能在规定期限拆迁但有一定工作余地的住户，也不急于进入法律程序强拆，通过以心换心、苦口婆心、以例说事、以事说人彻底打消了他们"做钉子户得便宜"的想法，愉快地实现了签约。

另一方面他们从梳理历史文脉开始，做考证、爬格子，摸清了历史文化家底，小河直街的商埠水街是杭州因河而兴的硕果仅存的样本，这也成为实施拆迁及整治保护的重要决策依据。小河直街居住的老百姓具有"一小、两多、两低"的特点：住房面积小、老年人和下岗失业人员多、家庭收入和受教育程度低。这一地块又属危旧房改善区域，居民大多为生活困难的城市弱势群体，他们既没有富余的钱款进行扩面，更没有雄厚的实力购买商品房，甚至有的家庭连价格稍高一些的过渡用房房租都支付不起。工作组通过发放问卷表、上门入户走访、分片包干到人、每日情况汇总、建立一户一档等调查举措，全面摸清了小河直街范围内每一户住户、每一幢房屋、每一片区域的现状，为实施拆迁整治保护提供了详实的依据。

作为历史文化街区整治保护项目，小河直街以《杭州市历史文化街区和历史建筑保护办法》及其《实施细则》等有关政策法规为依据制定拆迁办法。2007 年 3 月，《浙江省城市房屋拆迁管理条例》颁布后，小河直街二期风貌协调区成为杭州实施新拆迁条例的第一个搬迁项目。针对小河直街的特质，在符合拆迁工作基本原则、要求的前提下，工作组创造性地推出了一整套行之有效的惠民拆迁政策：针对 50% 以上的住户希望原地回迁的实际，充分尊重住户的故土情结和历史文化街区原居民保护原则，推出了原地段安置、外迁安置和货币安置三种安置方式。居住在小河直街的原居民许多是三代甚至四代同堂，根据这一情况，工作组制定了"住得下、分得开、确保基本、限制超量"的扩面原则，推出不同扩面价，增加住户特别是低收入家庭的选择余地，实现了安置政策差异化。同时还把扩面优惠面积和价格事先在拆迁协议书上加以注明，使住户拆迁早知道、吃上了"定心丸"。在拆迁过渡补助上，更是充分体现人性化，在过渡补助政策上给予了倾斜和优惠。

运河画卷

一期拆迁户在外过渡时期正值春节，工作组又给予每户3000元的过节费，二期拆迁正值夏季高温酷暑时节，对按期拆迁住户又给予了每户5000元的高温补助费，处处体现了人文关怀。

由于从拆迁到回迁安置需要两年左右的时间，工作组坚决摒弃"房拆掉、人迁走，拆迁就结束"的做法，切实避免拆完就算、拆后不管，高度重视并采取行之有效的举措为拆迁群众解决后顾之忧和实际困难，把一切为了群众贯穿于拆迁工作前、中、后全过程。

小河直街一期、二期拆迁户虽多达285户和159户，由于广大拆迁户积极配合，一期工程拆迁进展异乎寻常地顺利，拱墅区提前一年完成一期工程拆迁。自 2007 年 7 月 28 日至 9 月 27 日，短短 60 天时间完成了 156 户拆迁户签约，签约率达到了 98%。两次拆迁没有发生一起群体性上访，反而出现了一期拆迁首日住户漏夜排队领号、二期拆迁政策赢得广大住户鼓掌通过的动人场面，成为杭州拆迁史上实施速度最快、进展最顺利的工程之一。

运河综保对运河沿岸道路、景观、居住区、生活配套等基础设施的建设，使沿岸居民的生活越来越美好。从 2012 年开始，160 万平方米的安置房，10 万平方米的配套公建，运河新城、运河江干段和塘栖新城安置房陆续建成，为数庞大的杭州老居民，住上了品质更优的住房，拥有了更多绿地的休憩空间、更便捷的道路交通，更便利的购物休闲，人居品质节节提升，使运河沿岸价值不断凸显，成为杭州高品质宜居之地。与此同时，还建设了桥西农贸市场停车场、谢村公园公共停车场，改造利用了大兜路国家厂丝仓库；新修了运河新城的蒋家河；启动了塘栖新城的市河遗址恢复工程。

2012 年，运河经济带发展高峰论坛在杭州举行，这次会议的主题为"新运河、新经济、新价值"。彼时，中国大运河申遗已

修复完成的小河直街

进入实质性阶段，大运河正努力地成为杭州城市的新名片。更好地保护和利用运河资源，充分发挥大运河在文化、旅游、经济和人居等领域的作用，打造独具活力的运河经济带，助力杭州经济发展，成为运河综保的新方向和新使命。

杭州运河综保的实践给出了近乎完美的答案，一个兼具历史、商业、景观、民俗、文化等多重特征的江南特色大运河文化品牌已然形成。可以说，运河综保"杭州模式"的核心就是"以人为本"，以市民为本、以中外游客为本，把"还河于民"作为运河综合保护的根本出发点和落脚点。无论是规划保护还是建设，都以此为出发点，真正使大运河（杭州段）综合整治与保护开发工程，成为让人民理解、让人民参与、让人民受益、让人民满意的民心工程，将"一切为了人民，一切依靠人民，让人民享受发展的成果"的理念，变为大运河（杭州段）综合保护工程的现实。

而探索与实践的脚步并未止步，杭州市提出了推进运河成功申遗，切实改善运河水质，深入挖掘运河文化，全面提升运河景观，继续实施运河综保等五大举措，使大运河真正实现历史之美、自然之美、生态之美、人文之美与和谐之美。

这条大河延续 2500 余年的杭州故事，生机勃勃，历久弥新。

申遗之脉：
从过去流向未来

第二章

1. 运河丛书：寻找时间里的诗意

《杭州运河历史研究》、《杭州运河文献》(上下册)、《杭州运河风俗》、《京杭大运河图说》、《杭州运河古诗词选评》、《杭州运河桥船码头》、《杭州运河遗韵》……

这一套八本的"杭州运河丛书"是当时杭州运河研究的集体成果，从2003年开始筹划，到2006年初，在京杭大运河保护和申遗研讨会开幕前夕面世。

打造运河研究经典书目

在首发式上，有一个后来成为现实的定义：杭州运河的研究永远只有"逗号"，没有"句号"。

从书主要发起人，时任杭州市政协特聘委员、杭州出版社副总编徐吉军回顾丛书的诞生深有感慨，他说："我深深地体会到杭州市历届政协领导的远见和魄力，正是他们对杭州历史文化研究的重视，对杭州历史文献整

"杭州运河丛书"

理研究的重视，对大运河传承保护的重视，才促成了'杭州运河丛书'的出版。"

2003年，杭州市政协文史委组织浙江大学历史系教授李志庭、杭州师范学院研究员顾希佳、浙江省社科院研究员顾志兴、市政协文史委原副主任王其煌、杭州名人纪念馆研究员项文惠等专家学者，启动了运河历史文化研究和相关文献整理，在此基础上形成了《杭州运河历史研究》、《杭州运河文献》（上下册），为"杭州运河丛书"的出版奠定了坚实基础。

后来，杭州市京杭运河（杭州段）综合整治和保护开发指挥部、杭州市政协文史委、杭州出版社又组织编撰了《杭州运河风俗》《京杭大运河图说》《杭州运河古诗词选评》《杭州运河桥船码头》《杭州运河遗韵》等运河历史文化研究相关书籍，与《杭州运河历史研究》《杭州运河文献》一起，结集为"杭州运河丛书"。

丛书挖掘了京杭大运河杭州段丰富的历史文化内涵，揭示了运河在杭州政治、经济、文化、社会发展过程中所发挥的重要作用，为同类文献的编纂出版提供了一个较为全面、科学和权威的范本。同时，也为杭州市委、市政府进一步治理和开发大运河提供了参考和借鉴。后来，"杭州运河丛书"成为研究运河文化，尤其是京杭大运河南端运河文化的经典书目。

尽管在这之前各地也出版过很多关于运河的书，但在运河沿岸城市中，出版这样大规模的运河文化丛书还是首次。这部书把运河当作生命体来研究，从孕育、出生、成长的角度破译其生生不息的遗传密码，总结出其在发展演进中的成败得失。通过对运河历史变迁的梳理，更好地传承运河文化，以更科学的理念、更正确的思路指导运河保护与利用。

它们都是历史的镜像

"杭州运河丛书"由研究卷、译著卷、文献卷、历史诗词楹联卷、民俗与传说卷、桥梁河埠与码头卷、旧影卷和新貌卷组成，其中最为重要的为《杭州运河历史研究》《杭州运河文献》两书。

《杭州运河历史研究》一书分上、下两编。上编为论著部分，共设五章，分别论述了大运河的形成与发展、功能及历史地位，与杭州城市发展的关系、整治历史与管理制度，以及历史文化风貌。下编为译著部分，是从日本汉学家池田净夫《支那水利地理史研究》中节译出来的有关杭州历史城市的内容，共六章，其中五章都与运河直接有关。早在七八十年前，"运河之都——杭州"就已经引起日本学者的重视。1940年，日本生活社就出版了《支那水利地理史研究》一书，该书以日本学者独特的见解，对杭州城市发展与运河的关系作了深入的研究。

当年，参与《杭州运河历史研究》编写的都是来自省内知名高校和科研单位的专家学者，他们对京杭大运河和运河杭州段的历史与文化均深有研究。可以说这本书代表了当时杭州运河历史研究的最高水平。为了确保史料翔实可靠，他们在编写过程中倾尽心血，从正史、野史、碑刻、志书、文集、笔记小说、民间传说等，收集了大量第一手的文献和考古资料，这也使得这本书视野开阔，立论新颖，论述充分。

这本书中所附的地图也非常值得收藏，"浙江图""西湖图""九县山川总图""余杭县境图""杭州府城与北新关图""西湖行宫图""运河图""城北码头图""钱塘县境图"等，大体勾勒出了运河与杭州在时间演变过程中的轮廓。

从此书可以看到，运河对于杭州一地的重要性，从某种意义上来说，运河成就了唐以后杭州的区域地位和城市的走向，大运河是对杭州在时间中的一种定调。

《杭州运河文献》收录了《东城杂记》《东城记余》《北隅缀录》《湖墅杂诗》等与杭州运河有关的文献 15 种。这些文献大多出自著名学者之手，如《东城杂记》为清代著名学者厉鹗所著。厉鹗以博学著称，一生著述颇富，除本书外，尚有《宋诗纪事》《南宋院画录》《湖船录》《辽史拾遗》等名

《杭州运河历史研究》

著传世。过去这些文献大多深藏于海内外的图书馆，读者难以得见，此书辑录的文献，均为新中国成立后首次出版。这为推进杭州运河历史文化研究创造了条件，也为杭州运河的保护与建设提供了参考。负责《杭州运河文献》整理的，主要是王其煌、顾志兴、薛亚君等从事杭州或浙江地方文史研究与文献整理，学术功底深厚的学者。他们对本书的标点整理，借用《四库全书总目提要》对《东城杂记》一书的评述，"其用力亦可谓勤矣！"

"杭州运河丛书"中的其他五种也可圈可点。

顾希佳所著的《杭州运河风俗》一书，涉及京杭大运河杭州段流域内广大民众世代传承的各种传统文化表现形式，比如立春仪礼与送春牛、开秧门与关秧门、种田人的知识与迷信、蚕娘与蚕花、马头娘及其祭祀、接青龙与接财神、爆竹除旧、桃符更新等。

赵大川编著的《京杭大运河图说》，收录了1145幅大运河图片，是一本对杭州运河相关历史地理进行科学考证的书，引用了大量的古籍、古地图、清代地契、纳税凭证、证章、奖章、老照片等，全面展示了杭州运河的悠悠历史和熠熠风貌。

在时间的长河中，运河用它的优美润泽了杭州的文化。文人

《京杭大运河图说》收录的历史图片

墨客、权贵显要循河而来，长歌短吟，留下了无数诗篇辞章，既有描写自然景观的，也有感悟人情世事的。《杭州运河古诗词选评》是一本古代杭州运河诗词选本，编著者严军、胡心爱从各种地方文献，历史典籍，作者文集、诗集、校注、年谱中有关杭州运河的上千首诗词中，精心筛选出 300 首。通过对这些诗词的辑佚、标点、整理、研究，将杭州运河各个节点的历史风貌具体而形象地呈现在读者眼前，续接历史变迁与城市发展过程中被破坏与割裂的运河沿岸历史文化脉络，生动地展示了运河历史上曾经存在过的桥梁、建筑、街区、文物、古老的民风民俗、社会经济生活场景。

《杭州运河桥船码头》一书记录了运河上的桥、船、码头，以运河形成前后的桥、船、码头作为开篇，在田野调查的基础上作了全景描述。《杭州运河遗韵》一书，实录了 2005 年运河（杭州段）尚存的历史遗存。

事实上，这类整理工作，随着时间的推移越来越会凸显出其重要性。

恰好赶上申遗节点

"杭州运河丛书"的序言中这样写道：

纵观世界文明发展史，人类文明古国无不起源于水域的富集之地，城市文明也无不与水有着不解之缘。由于江、河、湖、海、溪具有取水之便、通航之利，滨水地带往往成为人类最初的栖憩之地、现代城市商贸文化的密集之区。杭州这座著名江南水城的形成与发展，就是与江、河、湖、海、溪紧密相关的。杭州的环境优势独在于"水"，杭州集江、河、湖、海、溪于一城，她面海而栖、濒江而建、傍溪而聚、因河而兴、由湖而名，是一座"五水共导"的城市。当我们回顾杭州城市历史的时候，必然会提及京杭大运河在杭州兴起、发展和繁荣中所具有的独特而重大的贡献。

大运河的开通，融会了南北中国各地的特色物产、饮食服饰、风情民俗、官民礼仪等，形成了绚丽多彩的杭州运河文化。如果说西湖文化体现了精致、和谐、典雅的文化特色，那么运河文化则具有开放、兼容、庶俗的文化特征。

面对千年运河的现状与问题，如何实施运河综合整治与综合保护，延续千年运河的历史文脉，挖掘和弘扬运河文化内涵，展示运河历史风貌；如何改变运河目前这种落后、肮脏的环境面貌，恢复运河的生态功能，改善运河生态环境；如何通过打响杭州"运河牌"，培育和强化城市特色功能，提升整个城市品位；如何改善运河居民的生活环境，提高市民生活品质；如何通过运河治理，实现运河经济、环境、社会效益的同步提升，增强城市综合竞争力，这些已是摆在杭州市委、市政府和全体市民面前的"难解之题"，也是"必解之题"。

在这篇序言中，坦陈了运河杭州段当时的状况和需要努力的方向，并且把申遗也提到了议事日程上，这也是杭州数届主政人的思路。

"杭州运河丛书"的出版，恰好赶上中国大运河筹划申遗的节点，使得这套书引发了多方注目。

在举行首发式的两天后，也就是 2006 年 5 月 22 日，由全国政协文史委员会和杭州市人民政府共同主办的京杭大运河保护与申遗研讨会在杭州开幕。会后，与会运河沿岸城市的领导和专家学者发布了《京杭大运河保护与申遗杭州宣言》。5月23日，全国政协副主席陈奎元率领全国政协京杭大运河保护与申遗考察团考察京杭运河（杭州段）综合整治与保护开发工作。

2006年10月下旬，全国暨地方政协文史工作研讨会召开，会议提出运河沿线省市协作征编出版"运河名城丛书"，全面系统介绍大运河深厚悠久的历史文化，展现运河沿线各城市独特的文化品格和魅力，进一步推动大运河的保护与可持续发展。根据全国政协文史委的意见，杭州市政协承担"运河名城丛书"的首卷，即《运河名城——杭州》的编撰任务。《运河名城——杭州》出版后获得了全国政协的充分肯定，并将此书作为样本，分发给运河沿线20多个城市。按此摹本，运河沿线各城市陆续编撰了各自卷本，最终形成了一套"运河名城丛书"。

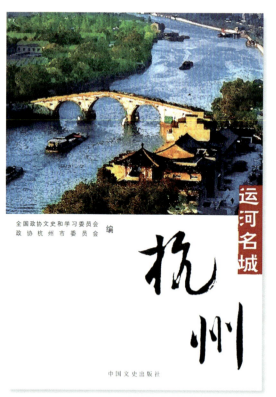

运河名城杭州

为了进一步深化杭州运河历史文化的研究，杭州市政协文史委申报了杭州市哲学社会科学课题《杭州运河史》，承担起该课题的研究和撰著并于2013年5月出版。随着研究不断深入，史料不断丰富，杭州市政协又整理出版了 5 册共 250 万字的《杭州运河文献集成》，基本收录了 1949 年以前南至钱塘江、北及塘栖的大运河（杭州段）及沿岸地区有关运河的各类文献，包括大运河（杭州段）的海内外各类文献，总数达 30 余种。

在杭州市政协的带动下，运河沿线的区、县（市）政协也发挥自身优势，推出相关研究项目，编撰了一批各具特色的运河图书。拱墅区推出了《运河南端说码头》，下城区编撰了《下城今古钩沉——运河专辑》，余杭区出版了《余杭历史文化研究丛书——运河文化》《余杭古桥》。杭州市各级政协开展的运河文化梳理、发掘工作，扎扎实实地推进了运河历史文化研究。

对于运河文化的研究，时任杭州市政协主席孙忠焕提出了自己的见解："悠悠流淌的大运河滋润着杭州的土地，繁育着杭州的人民，塑造着杭州的文化，见证着杭州的发展。没有大运河，就没有今天的杭州；不了解历史上大运河与杭州的关系，就不可能认识杭州。"

2. 文化节和博物馆：时间的礼物

杭州还是大运河文化节的发起城市。2002 年 10 月，由杭州市人民政府主办、拱墅区人民政府和杭州市文化局承办了首届中国京杭大运河文化艺术节，邀请大运河沿线城市的嘉宾聚集杭州，交流展示运河城市的民间文化艺术，弘扬运河文化，使更多的人了解运河、热爱运河、保护运河，促进运河沿线城市经济文化的大发展。

改革开放以后，运河杭州段曾历经多次改造。上世纪 90 年代，杭州市对古运河杭州段进行了大规模的截污透绿整治工程，运河水质不断改善。

进入 21 世纪以来，杭州市在运河沿线新建或改造了杭州剧院、运河博物馆、信义坊步行街等极具文化品位的游乐设施，重塑了运河在杭州城市文化中的重要地位。

——摘自第七、八届浙江省政协主席刘枫

《我所亲历的大运河保护与申遗活动》

让运河重新鲜活起来

杭州对运河所倾注的心血令人慨叹，中国京杭大运河文化艺术节是一道让人们了解运河的大门。在多方共同努力下，这些年，大运河文化节已经成为一个文化符号，从 2002 年开始，它一直是大运河沿岸城市的保留节目，尽管后来名称和主办方等均有所改变，但万变不离其宗，它一直不曾背离初心：挖掘运河的历史，让运河在时光的沉积之下重新鲜活起来。

中国京杭大运河文化艺术节缘起杭州。当时杭州已开始打造运河景观和运河文化。如何扩大运河的影响力，把运河的魅力凸显出来，是一个亟待解决的问题。在这种背景下，举办"2002 中国大运河文化艺术节"成了破局之计：为运河沿线地区的文化艺术交流搭建一个平台，并借此促进大运河沿岸城市及地区文化、教育、旅游、商贸等各方面的交流与发展。

按照发起初衷，文化节期间邀请大运河沿线主要城市齐聚杭州大运河畔，弘扬运河文化，向世人展示大运河的魅力。让国人像关注长城那样关注大运河，让世界像了解苏伊士运河那样了解大运河，继而推动大运河沿线城市的文化艺术发展与交流，最终形成"京杭大运河文化经济发展带"。

2002 年运河文化节的全称是"相约杭州、相约拱墅"中国京杭大运河文化艺术节，活动地点在京杭大运河南端（杭州市拱墅区），活动时间为 10 月 16 日—18 日，历时 3 天。

这一届文化节由杭州市人民政府主办，杭州市拱墅区人民政府、杭州市文化局承办，联合主办囊括了京杭大运河沿线的 12 个重要城市，分别是北京市通州区，河北省沧州市，天津市武清区、北辰区，山东省聊城市、济宁市，江苏省淮安市、扬州市、镇江市、无锡市、苏州市，浙江省桐乡市等。

参加过 10 月 16 日晚上在卖鱼桥运河广场（信义坊东广场）举办的开幕式的人可能还会记得，在那台名为"相约杭州，情系运河"的大型文艺晚会上，运河沿线各城市选送了能突出当地地域特色的歌舞节目、民间文化艺术精品节目、民间绝技绝活等，还有不少以运河文化为主题新近创作的优秀作品。

那一天的演出，在小桥上、水上、岸边、民居中穿插进行，结束时燃放的烟花，把整个晚会的气氛推向高潮。

大运河沿岸城市土特产品、旅游产品大展销；中国大运河风情摄影艺术展；"湖墅嘉园杯"运河文化建设市（区）长论坛；"运河之星"青少年民乐专场演出；"世贸·协安房产"中外友好交流活动……文化节期间，这些活动都获得了极大的关注。10 月 18 日，在闭幕式暨京杭大运河龙舟邀请赛上，古运河水面上云旗猎猎、雷鼓嘈嘈，各龙舟队的桨手们中流击水，乘风破浪。其间还穿插了摩托艇、皮划艇等各种类型的水上竞技项目表演，激动人心的场面，瞬间便会唤起观看者极大的情感共鸣。

这似乎是一种象征：传统和现代竞技项目在古老的运河上各展风采，就

运河龙舟赛

仿佛运河厚重的历史文化与崭新的时代风姿碰撞与交融，呈现出一种既冲突又融合的美感。

继杭州成功举办 2002 中国京杭大运河文化艺术节之后，京杭大运河沿岸城市也相继举办系列活动。

2004 中国京杭大运河文化艺术节于 9 月 2 日至 10 日在济宁市举行。在这届主题为"相聚孔孟之乡、传承运河文明"的运河文化艺术节中，沿岸 18 个城市的市（区）长出席了以"运河文化与文化产业"为主题的论坛，进行了文化旅游经贸方面的洽谈。也是在这届文化艺术节上，京杭大运河沿线城市达成共识，要联合申报世界文化遗产，以更好地保护和传承运河文化，发展运河沿线城市特色文化。

这个共识的缘起是，当年在联合国教科文组织关于《保护世界文化和自然遗产公约》的新一版《操作指南》中，遗存运河和文化线路作为新的特殊类型世界遗产种类已经赫然在列。

这个大概是关于大运河沿线城市共同申遗最早的报道，真正付诸于实施并形成合力还有待时日。

2002 年，国内第一座以运河文化为主题的大型专题博物馆——中国京杭大运河博物馆也开始筹建，位置就在京杭大运河南端的标志性桥梁拱宸桥东边。

杭州又一次先人一步。

找寻曾经的繁华

2004 年 8 月，拱宸桥西历史文化街区保护规划正式通过：北起杭州第一棉纺厂保留仓库，南至同源里（原名通源里）保留仓库，西至小河路，东至京杭运河西岸，包括桑庐等在内的 6.55 公顷区域将被重点保护下来。

这是时间的礼物。在当时的报道中，时任市规划局规划处副处长莫明跃说，构成拱宸桥西地区历史特色的所有物质因素都是保护内容。他指的是沿运河的码头、驳岸、河埠、缆桩、吊机、磅秤等。该区域的桥弄街、拱宸桥西直街、吉祥寺弄、同源里等街区内的历史建筑的结构、体积、风格、尺度、材料、色彩、装饰等，也会被保护下来或进行保护性修复。

拱宸桥西直街长约 500 米，宽约 4 米。历史名称始于清，因位于拱宸桥西得名。据莫明跃介绍，拱宸桥区域曾是老杭州的繁华之地，要找寻当年的"感觉"，自然要保护这一地段内 20 世纪初期、产业工人、手工业者、渔业工人、搬运工人等的具有代表性的生产生活环境。

这一区域的中心集施茶材会公所建于民国十三年（1924），由王阿递道士等五人发起建造，曾为搬运工人集会、休息，以及为脚夫、船工等贫苦劳动者提供免费茶水的场所。三进四合院建筑保存很完整。建筑用材考究，现存石库门上书"中心集施茶材会公所"。因为保护规划，"阿德茶店""协和祥杂货店""谢梅春杂货店""德兴客栈"等老字号也陆续回到老街上。

在这个区域里，还有很多历史遗存，创办于1889年的杭州第一棉纺织印染厂（草创后数度易主更名）、由汪协如建造的用于养蚕的桑庐……

时间在流逝的过程中绽放出了让我们不能忘却的美丽，而这一切，仿佛人间烟火，它属于我们，又穿透了我们。

2003年，中国京杭大运河博物馆正在拱宸桥畔建造之时，位于临平人民广场北侧的中国江南水乡文化博物馆开馆了。这是一家记录着鱼米之乡、丝绸之府、文化之邦的点点滴滴，展示了中国江南水乡文化和民俗风情的

拱宸桥和桥西历史街区

博物馆，也是首家以中国文化地理区即江南水乡为概念进行展览展示的博物馆。

黑瓦白墙，青石小弄，木栅花窗，廊棚傍河，人家依水，一幅幅江南水乡的经典画面，在灯光下被演绎得清丽而雅致。身处其中，河水般流逝的岁月和梦里的记忆被真实地唤起……

在这里我们可以看到，江南如何从荒蛮落后的地区变成中国最发达、最文明、最繁荣、最具有现代感的地区，而运河作为交通要道，在这个过程中所起到的作用显而易见。这家博物馆之所以落户临平，是因为在作为沟通南北的交通要道京杭大运河的南端区域，有着丰富的历史人文资源。

继中国江南水乡文化博物馆落成之后，2006 年 10 月 1 日，中国京杭大运河博物馆建成开放。这一年恰是大运河申遗正式启动之年，这或许是一种巧合。

中国京杭大运河博物馆坐落于杭州市城北运河文化广场，毗邻大运河南端终点标志拱宸桥，由全国人大常委会原委员长乔石题写馆名。博物馆东起金华路、南至舟山路、西临京杭大运河、北接拱墅区政府，建筑面积10700 平方米，它环运河文化广场呈扇形状布置，造型平坡结合，立面细部上提取中国古代传统建筑符号，独特的开放式格局将室内外融为一体，运河及桥、船、埠巧借为活的展物。

运河博物馆既是一个运河文化的展示窗口，同时也是运河文化与运河史料的收藏中心与研究中心，国家文物局认为它的建成填补了国内博物馆界的一大空白。

在开馆之初，为广泛征集、收藏、整理运河文物及文献资料，抢救散落在各地的运河文化遗产，以丰富运河博物馆馆藏、充实陈列展示内容，开

2006 年 10 月 1 日，中国京杭大运河博物馆开馆

展运河文化等的研究，中国大运河博物馆筹建办公室向社会各界征集有关京杭大运河的各种物质信息载体。这种征集一方面丰富了馆藏，另外一方面也扩大了博物馆的知名度，可谓是一举多得。

可以说，以河为介，我们文化传承的脉络由此而清晰，除了从北到南各地丰富的物质文化形态之外，在运河的开凿、利用过程中形成了曲艺、舞蹈、戏剧、文学、民间艺术等绚丽多彩的非物质文化，共同构成了大运河文化的内核。而这些，都在巧妙利用现代科技展示手段的博物馆中得以呈现，让我们知道，时间是如何成就和雕琢了我们的今天。

3. 倾听大运河的"脉动"

春江水暖鸭先知。因着河面上渐渐吹起的申遗"春风"，古老的中国大运河得到了世人前所未有的关注，保护与申遗工作也进入了一个全新的阶段，一切进入到了一种既定的轨道之中。

运河上的"新面孔"

诚然，杭州以西湖而名扬天下，但西方世界知道杭州的缘由，是因为它是马可·波罗笔下千年运河的终点。但随着历史的更迭，杭州已是不复当年。

2004 年 3 月，杭州对运河做了一系列可行性调查研究后，提出了开通水上公交巴士的构想。时任杭州市交通局党委书记、局长王水法说："杭州要提升城市品位，立体交通建设是很重要的一环，杭州有这么好的水运网络资源，完全可以让市民出行有更多的选择。杭州在全国运河干道首次开通水上巴士，正是打造立体交通迈出的可喜的一步。"这个构思得到了杭州市委、市政府的肯定。

当年的 10 月，运河杭州段水上巴士开通，这又夺得了一项第一：全国首家运河干道上的水上公交巴士。它沿着杭城的大运河往返穿梭，承担起公共交通的功能。这是杭州为打造立体交通添上的浓重的一笔，这以后，每一个在杭州的人，无论是市民还是游客，都多了一个新的角度打量这座城市。

能够做到这一点，事实上和杭州多年来的努力有关，如果还是上个世

运河水上巴士

纪90年代的运河水，那种污浊和腐臭的情况，水上巴士还有开通的可能和
必要吗？清污、绿化、配水，一系列措施使得这条蜿蜒的河流变得清澈，而
两岸绿意盎然，都市里的田园风光迎面而来。

值得杭州人骄傲的是，这项民心工程，从构想提出到正式运行仅仅用
了80天。

也许还有人记得，有上万名市民参与的两次活动：在这一年的6月中旬，
通过报纸、网站投票，选取了人们心目中的船型；7月，再次投票选定了水
上巴士的船名。

大运河杭州段的"点睛之笔"

让我们回到囊括"一馆两带两场三园六埠十五桥"的运河（杭州主城区段）综合整治一期工程，它的实施范围为石祥路至秋涛路，全长约 11 公里。运河博物馆是运河（杭州主城区段）综合整治一期工程的中枢，围绕着它，"两带"像是整个工程凌空飞舞的双翼。

左翼有城东桥西南角、设计朴素典雅的民生园，有以 11 栋富有中国传统文化特色的低层商业建筑连接而成的信义坊步行街，有地方官员们恭迎康、乾二帝的候圣驾，有运河与古新河交汇处的左侯亭，还有大关桥西北侧的运河纤夫雕塑。

右翼有融合江南造园手法和现代景观园林设计手法的传统仿古建筑娱庐园，上塘河口西侧的运河怀古，潮王桥东北角的半道春红，有霞湾公园内康、乾二帝离船上岸的御码头，霞湾公园一侧、"天下粮仓"重要一员的富义仓，德胜桥东北角、纪念宋朝爱国将领韩世忠的忠亭。在运河两岸，还有旧石板铺就的游步道，突显出运河的古朴韵味。双翼齐飞让运河如绸带飞舞，有着灵动的气息，它是古典的，又是现代的。

如果说两岸像是运河张开的翅羽，那么西湖文化广场和运河文化广场这"两场"就是运河杭州段的点睛之笔：

西湖文化广场位于武林广场运河北侧，占地 13.3 万平方米，总建筑面积 35 万平方米，室外广场约 10 万平方米。主塔楼是 41 层 170 米高的浙江环球中心。整个广场集文化、娱乐、演出、展览、健身、购物等于一体。

运河文化广场与运河博物馆相接，占地面积 5.2 万平方米，建筑面积 5 万平方米，集文化、商贸、观赏旅游和休闲娱乐等多项功能于一体。广场还设有大型灯光音乐喷泉、购物超市、3万多平方米的绿化，及西侧的解愠、指津、曲尽人情等三座仿古楼台。

"三园"是运河之身躯中的彩绘，其中艮山公园位于贴沙河与京杭大运河交汇处的南面，总面积达1.8万平方米。公园以水景为主，顺着地势，层层跌落，形成石阶式水幕。还有两间木屋，亭廊相接，倚河而建。青莎公园位于大关桥东北面，占地7.12万平方米。这一带是旧时青莎古镇，公园建筑强调传统滨水古建风格，公园中央拓展了亲水小广场。北星公园位于石祥路与丽水路的西南角，占地4.43万平方米。公园平面建筑以道教崇奉的"北斗七星"星神：天枢、天旋、天玑、天权、玉衡、开阳、摇光命名，建筑风格采用古运河边民居形式，其中北星阁是其点睛之作。

运河文化广场

水流之处，必有河埠头和桥，就像是毛细血管的相互连接之处。2004年10月，杭州水上巴士开通后，沿途设置的艮山门埠、施家桥埠、武林门埠、卖鱼桥埠、北新关埠和拱宸桥埠6个停靠码头，也因各具特色而成了吸引游人驻足的景点。

除了"一馆两带两场三园六埠"，贯通运河两岸的"十五桥"，也是综合整治一期工程中的亮点。这些桥中有拱宸桥、江涨桥这样历史悠久的古桥，也有西湖文化广场桥这样现代气息浓郁的新桥。这15座桥，新旧相间，如彩虹升起在河面之上，和谐、大气，照拂着杭州的人间烟火。

"运"依然是大运河的灵魂

即使是跨入21世纪以后，公路、铁路、航空四通八达，但"运"依然是大运河的灵魂。它是我国北煤南运以及长三角地区外向型经济的水上运输大通道，在长三角乃至华东地区的社会经济发展中发挥着重要作用。

一个很大的原因是水运环境污染小，有利于环境保护，符合可持续发展战略和建设资源节约型、环境友好型社会要求。在长三角水网密集地区，土地资源稀缺，水运的优势尤其明显。

但自2003年以来，京杭运河堵航现象一度非常严重，平均每年发生8小时以上堵航事件达46次，受堵船舶逾10万艘次。随着交通部门疏堵力度的加大，到2006年堵航现象已有好转，但货运量的急剧增加使得通航能力仍不能满足实际运输需求。2006年，交通部发布《京杭运河排堵保畅应急预案》和《京杭运河通航管理办法（试行）》。

据介绍，当时京杭运河通航河段为山东济宁至杭州三堡船闸883公里，

千年不息的运河航运

全线共有 17 个梯级、35 座船闸，江北段可通航 1000 吨级船舶，江南段可通航 500 吨级船舶。2005 年，京杭运河苏北段、苏南段货运量分别达 1.25 亿吨、1.65 亿吨，货运周转量分别达 290 亿吨公里、120 亿吨公里，其中苏南段运量相当于 5 条沪宁铁路的货运量。目前运河沿线已形成徐州、无锡、苏州、杭州等 4 个年吞吐量达 3000 万吨以上的内河大港。

　　按照当时的规划，在"十一五"期间，浙江省将投入 60 多亿元改造京杭大运河浙江段航道，通过拓宽、挖深、改道等工程，使通航标准从现在的四级提高到三级，也就是从 500 吨级的通航能力提高到 1000 吨级。其中，杭州市按三级标准实施运河二通道建设，通道全长 40 公里，投资概算

50亿元。

2006年，运河之春，波光与长天一色。

这一年，省委常委、市委书记王国平等人对运河综合整治与保护开发工作进行了多次调研；4月，市委、市政府召开运河沿线四家企业搬迁工作专题调研会，同月，杭州市港航管理局、杭州市运河集团、杭州市旅游集团举行合资经营杭州市水上公共观光巴士有限公司签约仪式；5月，"杭州运河丛书"首发式、杭州汽车发动机厂整体搬迁签约仪式举行，京杭大运河保护与申遗研讨会在杭州开幕；10月，运河（杭州段）综合整治与保护开发一期工程竣工典礼在运河文化广场举行；11月，运河景观带一、二、三、四、五期亮灯工程顺利竣工，水上巴士亮灯工程也在同月建成运行……

在多方重视和推动下，运河杭州段厚重的历史文化积淀，通过现代艺术手法激发出了新的生命力。

这一年艮山运河公园开放，一桥之隔的"艮山风情"以10块浮雕展现了艮山门的典故和历史场景。建国北路桥西南侧、东河与运河交叉处，依

运河综保工程调研座谈会

艮山公园的艮山风情浮雕群

据19世纪美国传教士所拍照片而创作的"漕运翻坝"雕塑，生动再现了运河上齐心协力将货船翻过水坝的大场面。

这一年在运河边立起的雕塑还有很多。老德胜桥西南侧的一组情景人物雕塑，重现了曾经的湖墅八景之首"夹城夜月"的意境；潮王桥西南侧的一组雕塑，还原了秋日运河边"秋风卷金浪，稻谷遍地香"的醉人景象。塘河口西侧，历代南北大运河及沿线城市地图如书卷般展开，展现了大运河的变迁史。这些地图都是文史专家、测绘专家根据早期地图严格按比例绘制的，如实反映了当时的城市分布和河流走向。

细节处见匠心，连这一年所建造的运河护栏上也融入了与运河息息相关的丝绸织造历史文化元素。

"新运河"进程中的长镜头

历时四年、精心打磨的大运河（杭州段）综合整治与保护开发一期工程，串成"一馆两带两场三园六埠十五桥"的"珠链"。2006 年 10 月 1 日，"庆国庆，万人手拉手，走近大运河"暨运河一期工程竣工大型庆典活动，在近十万市民的欢呼声中到来。

"10：00 许，记者看到，西湖文化广场的彩绸舞、扇舞、街舞、健美操和太极拳表演等此起彼伏，而威风锣鼓、太平鼓、腰鼓也声声入耳。在武林码头候船的船坞上，身穿 56 个民族服装的市民也一起到场，一起欢歌笑语庆贺着这太平盛世。

"10：30 许，运河里徐徐驶来大型的彩船，船上有的演员身披各种各样的演出服装，'乾隆皇帝下江南''俄罗斯歌舞''江南丝竹'……运河两岸的人们，一起手拉着手，心连着心，真正当一回'走近运河，传承文明'的使者。"

"上午约 10 时，当龙舟赛队、文艺表演船只依次穿过拱宸桥洞时，等候多时的人群顿时发出'哇'的欢呼声。一时间，在'梦想天堂'的旋律声中，身穿红色运动服的居民群众手拉着手不停地跳跃，挥舞着小红旗……运河两岸满目滚动的红色画面，甚是壮观。"

"在桥上频频拍照的人群中，不少是老人和小孩，还有来杭的外来务工者。问及 5 位正在轮换照相的退休女工，她们说：'自己家住台州

万人手拉手

路社区，原先上班经常走这座拱宸桥，现在桥边的美景已赛过六公园、吴山广场，今天再以运河上的表演、两岸高楼和刚刚开放的运河博物馆为背景，拍张照片好好珍藏。'一位姓郑的男子昨日带着妻子和两岁的漂亮女儿在桥上拍照特别认真。他告诉记者，他和妻子谈恋爱时常到拱宸桥，有了孩子，照一张新运河的'全家福'，更有纪念意义。"

......

运河的曼妙风光无须多说，沿着运河边的游步道走，看看平静的水面，水中游走的船只，以及从身边掠过的青草绿树，所有的感受都化为一个词：惬意。

而这，只是"新运河"进程中的一个长镜头。随着 2005 年杭州全面开启运河杭州段的综合整治与保护开发工作，运河焕发出前所未有的耀眼光彩。原杭州市运河综保委党委书记、主任李包相说，从 2006 年国庆节到 2012 年，京杭大运河杭州段以平均一年一次的频率，连续七次推出"新运河"，一年一跨越，年年有惊喜，每一次都是华丽丽的转身，每一次都带给人们莫大的惊喜。

2006 年第一次推出新运河，游步道全线贯通，运河两岸 30 米—50 米的绿化带不但给老百姓增加了休闲空间，甚至还引发了"走运"一说，并慢慢演变为杭州的一种风俗。

2007 年第二次推出新运河，重点启动了小河直街历史街区的保护。小河直街历史街区还获得那一年度的"中国人居环境范例奖"。

2008 年第三次推出新运河，重点打造了以运河为中心的三条水上黄金旅游线，实现运河与钱塘江、上塘河、西溪湿地的贯通，这在各地的运河综合保护实践中尚无先例。运河上具有杭州特色的漕舫，使游客可以体验

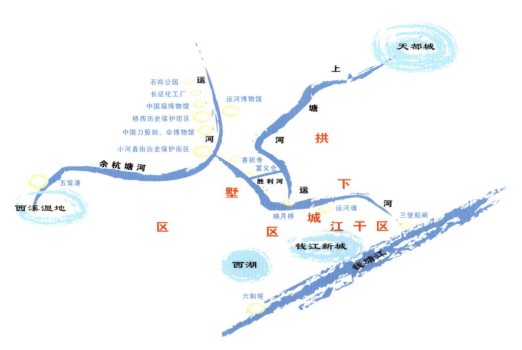

2008年三条水上黄金旅游线示意图

当年乘坐画舫欣赏运河美景的感受。

2009年第四次推出新运河，重点对桥西历史街区、大兜路历史街区进行保护，利用工业遗存空间打造三大博物馆，并第一次在塘栖推出新运河，塘栖新城一期工程亮相。

2010年第五次推出新运河，香积寺开放，塘栖水北街、大兜路、桥西历史街区同时开街。

2011年第六次推出新运河，杭州工艺美术博物馆开馆、杭州青少年文化创意中心开班、"运河天地"开业、京杭大运河杭州历史风情旅游区旅游活动月开幕。自此，拱宸桥西的工业遗产博物馆群落形成。

运河之春

到了 2012 年，运河 4A 级景区亮相，塘栖水南街、小河直街三期、大兜路二期特色街区陆续开街。

时间漫如流水，正是在诸多亲历者的积极推动、持续关注中，在无数建设者的精诚团结、共同奋斗中，运河有了新的春天。

申遗之核：
运河到此最精彩

第三章

1. 六个遗产点：时间的见证

"江南北国脉相牵，隋代千年水漾涟"。岁月流转，大运河的航运时代已然淡去，但作为古代劳动人民智慧与汗水的见证、中华民族长盛不衰的重要文化载体，仍然发挥着不可替代的作用。大运河极大地促进了人员与物资的交流，带动了沿线城镇市集的经济社会发展，也孕育了沿岸人民的美好生活。作为京杭大运河的最南端，同时也是浙东运河起点的杭州，依河而兴，因河而盛，可以说，大运河就是杭州的"根"与"魂"。

一河贯南北，文脉承古今，也串起了杭州的"前世今生"。中国大运河杭州段的六个遗产点，无论是其独特性还是代表性，对于中国大运河成功申报世界文化遗产名录，都有着举足轻重的作用。

凤山水城门：杭州唯一保存至今的古城门

凤山水城门，位于现在中山南路与万松岭路交会口，横跨中河—龙山河之上。在中国大运河遗产中，只有两处水城门入选了遗产点，一处是苏州的盘门，另一处就是杭州凤山水城门。

南宋初建的杭州城，共设有 13 座旱门、5 座水门。宋亡后部分城门逐渐荒废。到了元末，张士诚因盐起事，割据江浙。元至正十九年（1359），张士诚改筑杭州城垣，南宋的钱湖门、东便门、保安门、嘉会门被弃置不用，向北缩进数里新建了凤山门，也被称为"正阳门"，这是杭州所有城门中唯一正南朝向的城门。就在这正阳门外，曾是杭州城中达官显贵策马踏青的去处。如今，马蹄声随着"凤山门外跑马儿"的民谣留存在了百姓的历史记忆中。凤山门东侧修筑的这座水门，也就被称为凤山水城门。其实，凤山水城门是由三个不同跨径的石拱券并联而成的水闸。中间有一方形闸档，闸档后面的石雕门臼用来升降闸门，拱券顶部有蟠龙锁石以锁住闸门。

凤山水门南立面

城上建有一楼，既可作为防御，又可开闭闸门调节水流。明清两代，凤山水城门经过多次修缮，存留至今。

凤山水门内壁中水闸槽遗迹

凤山水城门是杭州唯一保存至今的古城门。而杭州段运河河道的线型、尺度及驳岸等因城市变迁和航运发展都发生了不小的改变，只有凤山水城门下近 20 米的河道仍保留着晚清时期的样貌，成为研究杭州城建变迁的重要实物。

凤山水城门修建在中河—龙山河之上，钱塘江水"自龙山河涌入凤山水门"，通过城内阡陌纵横的水道出武林门水门，和京杭大运河汇集在了一起，凤山水城门既是龙山河的北端起点，也是扼守江南运河通往钱塘江的咽喉。"桥影条条压水悬，凤山门外带城偏。一肩书剑残冬路，犹检寒衣索税钱。"清乾隆十二年（1747）冬，清代诗人蒋士铨过凤山门，写下他在凤山门通关的景象。

1983 年，杭州市启动中东河综合治理工程，凤山水城门得以部分修复。2006 年，凤山水城门作为京杭大运河的一部分列入了全国重点文物保护单位。2010 年凤山水城门保护修缮工作正式启动，除了对城门本身的修缮之外，还进行了考古清理，展现出水面、地面、城面三者之间的关系，较好地保留了文物的原状。2014 年，凤山水城门作为运河遗存的水工设施随

苏州盘门

大运河一起列入"世界文化遗产名录"。

站在如今的凤山水城门上，不远处的中河高架桥汽车川流不息。其繁华景象，犹如几百年前水城门中过往的船只，它们载着货物沿中河络绎不绝地通过石拱券门。而昔日熙攘喧嚣的中河也变得舒缓而平静，偶有三三两两的游客沿河观赏，成了快节奏现代都市中一片闹中取静之处。

凤山水城门是杭州城市变迁的见证者，是杭城营建史上的重要坐标，作为珍贵的城市历史遗产，未来它将以另一种方式继续守护着繁华的杭州城。

富义仓：从"天下粮仓"到"精神粮仓"

在今天的霞湾巷以南，京杭大运河与胜利河交汇之处，有一座坐北朝南，由仓库和砻场、碓房等共同组成的古粮仓，它就是曾与北京的南新仓共同享有"天下粮仓"美誉的富义仓。

在京杭大运河漫长的历史中，富义仓出现得较晚，它是清光绪六年（1880）时修建的官仓，也可称之为"清代国家战略储备粮库"。杭州作为太平军与清军争夺的重点，经历了双方势力长期的拉锯战，人力物力均损失巨大，一些原有的仓库毁于战火，余粮也所剩不多。浙江巡抚谭钟麟新官上任，决定兴建新粮仓。清光绪十年（1884），历时四年粮仓终于建成，共耗白银一万一千两，仓房共四排，可储存谷物四五万石。同年冬，谭钟麟调任陕甘，临行前他将仓库命名为富义仓，取"以仁致富，和则义达"之意。他又请人撰写《新建富义仓记》，嘱托继任官员"散而积之，无亏其数，以

富义仓

为民忧"。

富义仓紧邻大运河，位于水陆交汇之处，交通十分便利。整座建筑坐北朝南，东西库房相向而建，有窗户开向庭院以保证通风，室内地面高出室外约 60 厘米，可以起到防潮和防止雨水进入的作用，保证粮食不会受潮霉变，富义仓的种种设计展现着中国劳动人民的智慧。

富义仓不仅解决了杭州老百姓的粮食安全问题，而且是杭州乃至整个江南地区重要的谷物集散地。清代北京城人口众多，大量粮食需要依靠外省输入，其中非常重要的来源就是通过京杭大运河运输的江南地区的粮食。作为南粮北运路线起始点的富义仓，在当时发挥了非常重要的作用。

作为杭州现存唯一的古粮仓，富义仓是京杭大运河漕运繁荣的体现，也可以窥见农业中国的历史变迁。在"重农"思想的影响下，古代中国很早就形成了"储粮备荒"的传统，这是自然灾害频繁，抵御风险能力较弱的古代社会保障小农经济发展的需要。秦统一六国以后，将"重农"作为基本国策颁行于天下，汉代出现了主要设立在大城市的"常平仓"，隋唐以

富义仓里的文创商店

后类似的"义仓"进一步扩展到州县，到了元明清又出现了提高粮食产量、维护粮食安全的尝试。

富义仓的功能也几经变迁：在民国时期继续发挥粮仓的功能，改称浙江省第三积谷仓，除存粮外还储存过军用物资；在日本占领时期，则被短暂改成了弹药库；1949 年以后，年久失修的富义仓逐渐失去了仓储的功能。到 20 世纪 70 年代，转而成为了民居。

2005 年，富义仓被列为省级文保单位，对主体基本保留的建筑严格按照原有的结构、材料进行复原，而无法修复的倒塌建筑则仅保留遗址不再复建。同时，对于周边的历史环境也进行了恢复，以富义仓文物建筑为核心，保留内部大小不等的天井院落和柱廊，以及周边"章庵弄""渔家台""蟹舟弄""霞湾巷""胜利河口""华光桥"等蕴含大量历史信息的河道、港湾、埠头、道路、地名和历史环境，使得周边的环境与古粮仓和谐统一，成为被人津津乐道的文化遗产保护工作的优秀范本。2007 年，修葺一新的富义仓重新对外开放。

作为全国重点文物保护单位，主管部门也在探索富义仓再利用的新形式，引入了许多文化创意企业。旧物展、画展、戏曲文化展、售卖文创产品的商店、弥漫着咖啡香的小馆……被保留下来的 13 个粮仓打造出不同主题空间，厚重的历史与新兴的文化产业相互碰撞，越来越成为杭州市民公认的一个文化、创意与旅游的复合体。如今，书写着"富义仓遗址公园"的石碑静静地伫立在运河边，向人们讲述着富义天华的悠悠故事。

桥西历史文化街区：古今交融的市井烟火

　　所谓"桥西"，是拱宸桥以西一带的泛称，因位于拱宸桥桥西而得名。其范围大致从拱宸桥头开始，向西散发出去，北至运河天地，南至登云路，西至小河路，总面积为39.6公顷。

　　唐宋时期，这一带是杭州城外的草市。明崇祯年间在此修建了拱宸桥，由于桥的落成带来了大量人员和物资流动，紧邻拱宸桥的区域开始繁荣起来，形成了今天历史街区的雏形。到了清咸同年间，拱宸桥地区已经发展成繁盛的水陆码头，这一区域随之热闹繁华起来。桥西也由此成为浙江近代工业文明的重要发祥地。清光绪二十二年（1896），桥西如意里的世经缫丝厂安装自备发电机，成为浙江省亮起第一盏电灯的地方。也是在这一年，通益公纱厂在此成立，成为20世纪初浙江省规模最大、设备最先进、最具

桥西历史文化街区

社会影响的近代棉纺织工厂之一。1937 年，日本学成归国的汪协如在桥西筑桑庐，专事科学养蚕育种，创办"新光蚕种场"，提高了杭嘉湖地区的蚕茧产量和质量。新中国成立后，这里更是杭州工业的"主战场"，杭州第一棉纺织厂等工厂和配套设施相继建立，成为当时杭州的工业中心。

时移世易，20 世纪 90 年代，随着城市产业结构的调整，桥西一带产业转移，企业凋敝，逐步走向衰落。破旧的老厂房，基础设施落后的住宅，污水横流的巷弄……这里变成了"脏乱差"的所在，直到 2002 年杭州市启动"运河（杭州段）综合保护与整治开发"工程。

2002 年，浙江省人民政府制定的《杭州历史名城保护规划》开始执行，其中"拱宸桥桥西历史街区保护"作为一个单独的章节列入。随后杭州市开展的保护工作按照"一带三区六节点"的格局，在尽量不改动历史建筑原貌、保留历史遗迹的真实性和完整性的基础上逐步推进。2010 年桥西历史文化街区正式开放，面貌发生了翻天覆地的变化，古老的街道重新焕发了生机。

桥西历史文化街区的改造兼顾了历史遗迹保护和人文关怀。难能可贵的是，采用了原居民回迁的创新方式。原来的 1000 多户原居民中，有 300 多户搬回了经过改造的街区，为其注入了鲜活生动的人间烟火气。在这里，至今保存着 19 世纪以来逐渐形成的"街巷里弄"格局，当人们走在青石板的里弄中，穿行在白墙黛瓦的房前屋后，依然能体会到大运河畔质朴的民俗民风。

作为近现代工业遗存的老厂房和旧仓库，因为"没有围墙的博物馆群"的入驻而散发出新的魅力：中国杭州工艺美术博物馆，中国扇博物馆、伞博物馆、刀剪剑博物馆，手工艺活态展示馆……规模之大、密度之大，在全国都是首屈一指的。置身其间，可以领略民族工业和中华传统手工业的

运河边的博物馆

发展历程。

桥西历史文化街区就像一条线，串起了一颗颗"遗珠"，擦亮了"大运河第一街"的金名片。方回春堂、天禄堂等老字号林立，张大仙庙得以复建，中国大运河京杭对话、中国（杭州）新年祈福走运大会、中国大运河庙会、京杭大运河国际诗歌节等各类文化活动，为街区带来了"人气"和"烟火气"，让运河文化活起来、动起来。

桥西历史文化街区的发展是大运河的一个缩影，从无到有，从兴盛、衰落再到复兴，这里安放着的不仅是"老杭州"的集体记忆，更是文化遗产，也是当代生活。

西兴过塘行码头：江上秋风晚来急

西兴过塘行码头是西兴码头与过塘行建筑群的总称。由于钱塘江河道的不断北移，当年的景象和今天我们所能见到的已经大相径庭，如今的西兴码头仅仅通过一条狭窄的北塘河与其连接，但历史上这里曾经是沟通钱塘江与浙东运河的交通枢纽。

西兴古称"西陵"，早在春秋时期就是越国渡钱塘江的主要渡口，后来逐渐形成了有一定规模的城镇。在我国的诗歌史上，有关"西陵渡"的诗词俯拾皆是，元代黄镇成就有诗写道："日午移舟出隩隄，欢呼走趁百人回。潮依草岸痕初落，风拗蒲帆影半开。"明末清初的浙江诗人彭孙贻笔下的西陵渡则更为生动："山市惟鱼鳜，沙船似橐驼。"

在郦道元所著的《水经注》中，就有着关于这片区域的记载："浙江东经固陵城北，昔范蠡筑城于浙江之滨，言可固守，谓之固陵，今之西陵也。"

西兴过塘行

文中的浙江就是钱塘江的古称，这个地理位置太重要了，越国大夫范蠡在江边筑城，认为可以在此固守，因此叫"固陵"，又改称西陵。后吴越王钱镠认为"陵"字不祥，于是将西陵改名为西兴，运河也随之改称为西兴运河。

隋唐时建立和完善全国性的大运河体系，杭州以其优越的区位优势，迅速发展成为杭州湾区域中心。随着海上贸易的兴盛，西兴成为外贸集散中转枢纽，往来经商的粟特人、波斯人、阿拉伯人、犹太人、印度人络绎不绝。

作为"浙东唐诗之路"的头一站，沿浙东运河从绍兴镜湖、曹娥江、剡溪至天台石梁，登天台山，这是盛唐时期文人墨客旅游的一条古道。这条古老的水路曾有400多位诗人走过。李白就曾登临西陵渡，沿着浙东运河贺知章回乡的水路，兴冲冲地去拜访这位忘年交，但遗憾的是，贺知章此时已经驾鹤西去。李白感念他的知遇之情，作了《对酒忆贺监二首》。"商胡离别下扬州，忆上西陵故驿楼"，杜甫晚年也常回忆自己壮游吴越的往事。

那一年，刚满 20 岁的杜甫一路向南前行，转杭州，渡钱塘江，登西陵故驿楼，过绍兴，向南直到台州。吴越的历史掌故和风物形胜，滋润着他年轻而烂漫的诗心。而白居易诗中"烟波尽处一点白，应是西陵古驿台"，指的就是这里。

苏轼担任杭州通判时，也曾留下了《望海楼晚景》一诗："青山断处塔层层，隔岸人家唤欲应。江上秋风晚来急，为传钟鼓到西兴。"描绘的就是站在对岸远眺西兴繁华的景象。

到了元代，这里更是成了漕粮北运的重要转运点。沧海桑田，明朝时，随着河道的变迁，浙东运河与钱塘江的水位存在高度差，船只已无法直接在运河和钱塘江之间通行，需要过塘翻坝。经由浙东运河运输到此的货物，需要先行卸货，搬运到钱塘江的货船上后，再进入大运河运往目的地，而

西兴古镇

西兴过塘行陈列馆

通过大运河从北方运输而来的货物，想要进入浙东运河同样需要在此换船。

"过塘行"就是这种背景下产生的专门从事货物中转工作的行当。在西兴古镇附近的外墙上，可以看到"72爿半过塘行"的墙绘，反映的就是西兴古镇鼎盛时期过塘行的繁荣景象。古镇上最多时曾经有72家过塘行，不同的行会分工明确，各自负责一种或者几种货物的运输。除了72家全年营业的过塘行以外，还有一家主要负责季节性的商品，因此不是全年营业，被戏称为"半家过塘行"，这就是"72爿半过塘行"的来历。鼎盛时期的过塘行，是西兴古镇的支柱性产业之一。随着时代的发展，尤其是20世纪20年代萧绍公路通车之后，陆路逐渐取代了水运，西兴的市面也慢慢衰落了下来。而钱塘江河道的北移，让码头失去了原有的转运功能，最终被废弃。码头衰落以后，曾经盛极一时的过塘行也逐渐消失，大量的建筑被拆除或者挪作他用，仅有一小部分作为民居保存了下来。2012 年，启动了西兴过塘行码头保护整治工程，对河道进行考古探查和发掘。2013 年，大运河—西兴码头与过塘行建筑群被列入国家级文物保护单位。

与其他历史聚落一样，西兴古镇的修缮工作也着眼于保持房屋的历史原貌，同时增加陈列馆、档案馆等与运河历史相关的设施，使得游客能够真正体会蕴藏在古老历史文化遗存之中的人文气息，感受曾经繁荣的景象。

如今，鸟瞰整个西兴镇，西兴街和官河路隔着运河遥遥相望，走向均与运河平行，构成整个古镇的两条轴线。在西兴的中心地带，穿插着南北走向的窄弄，形成一个典型的"鱼骨状"路网，构成水运与陆运相结合的独特交通体系。现存的过塘行建筑基本上都沿着官河路分布，建筑的结构也很有特点，多为一层或二层，整体上是砖木混合结构，而外墙的底部全部砌筑了石墙，是为了适应杭州多雨的气候和满足防潮需要。沿河的地方都开有一个小门，当年货船就通过这些小门卸货。

除了过塘行以外，沿河的其他民居也都采用类似的建筑结构，过塘行建筑与民居混杂在一起。除此以外，西兴古镇还保存了一些当年的水工遗址和其他建筑遗址。沿着街道一直往东走，能看到永兴闸遗址。永兴闸的地理位置非常重要，是当年连接运河和钱塘江的水闸门。不过这段河道本身并不通

西兴过塘行永兴闸遗址

船，而是通过闸门的开闭程度来控制水流量，起到控制运河水位的作用。

西兴过塘行码头是浙东运河在杭州城区内唯一一处世界遗产点，作为运河文化的有机组成部分，其丰富的水工设施遗存更是古代劳动人民智慧的结晶。

拱宸桥：一座拱宸桥　半部杭州史

在京杭大运河杭州段的六个遗产点当中，名气最大的非拱宸桥莫属。杭州拱墅区的名称，就得名于拱宸桥和湖墅。拱宸桥古时是杭州的北大门。

风雨百年，多次重修，"拱宸桥"这个名字却从未改变。关于拱宸桥名字的来历众说纷纭，一说"拱宸"出自《论语》中的"为政以德，譬如北辰，

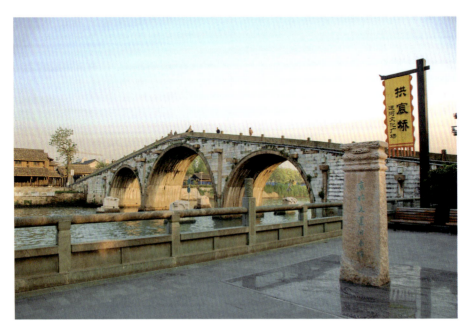

拱宸桥

居其所而众星共之"，取众星拱辰之意。也有一些学者认为，"宸"指的是帝王住的地方，"拱宸"自然表达的是对帝王的欢迎与敬意，是为迎接帝王南巡而命名的。也有说法认为这两个字作为合成词，是传统阴阳五行学说的习惯性表达，从词义上来看也是传统的忠君爱国思想的体现。"拱宸"二字到底取法何意已经无从考证，却都寓意着昌盛吉祥。

拱宸桥为"木桩基础"的"拱券为纵联分节并列砌筑"的"三孔驼峰薄墩联孔石拱桥"，全长98米，高16米，中孔跨度在15米以上，是杭州现存古桥中最高，也是最长的石拱桥。作为京杭大运河主河道上的重要桥梁，这样的设计无疑更方便船只通行。

拱宸桥的历史颇为曲折，始建于明崇祯年间。出于沟通两岸的需要，由举人祝华封筹资修建，于1631年正式建成。然而仅仅过了20年，1651年，明亡不久后，桥就坍塌了。直到60余年后的清康熙五十三年（1714），时任浙江布政使的段志熙倡率捐筑，云林寺僧慧辂竭力捐募款项相助，三年后的康熙五十六年（1717）完成。清雍正四年（1726）时，浙江巡抚、兼任两浙盐政使的李卫又率领属下捐献俸禄对拱宸桥进行了修缮，桥的厚度和宽度都有所增加，并留下了《重建拱宸桥记》。清同治二年（1863），左宗棠率湘军及"常捷军"向杭城的太平军猛攻，由于拱宸桥桥心设有太平军的堡垒，拱宸桥再次倒塌。清光绪十一年（1885），在乡绅丁丙等人的主持之下，重修了拱宸桥，这也是拱宸桥历史上最近一次重建。

丁丙在他的《北郭诗帐》中这样描写拱宸桥："卅丈环桥首拱宸，追怀摸石动酸呻。叮咛去楫来桡客，慎守金缄效吉人。"所谓"卅丈"，说的便是康熙年间拱宸桥第一次重建之后的规模：桥长三十四丈五尺、高四丈八尺。而"首拱宸"，正是丁丙对拱宸桥的称赞，拱宸桥在京杭大运河上诸多桥梁中，当然是非常重要的，但要说规模之大是翘楚，有点夸大了，这应该是丁丙以家乡为傲心情的自然流露。

1895年《马关条约》签订以后，拱宸桥周围地区被辟为日租界，称之为"拱埠"。日本人在拱宸桥桥面中间铺筑2.7米宽的混凝土斜面，以通汽车和人力车。新中国成立后，出于对桥身的保护，主管部门规定禁止机动车在桥面通行，这个规定一直延续到了今天。

货运船只经过拱宸桥

1907年，浙江的第一条铁路——江墅铁路建成，火车第一次开到拱宸桥，一直以来，湖墅、拱宸桥一带都依靠运河的优势，保持着相对独立的经济体系。其间，与杭州城内虽有诸多往来，然而不利的交通使得这种往来带有极大的有限性，江墅铁路的开通却改变了这种现状。

在杭州，如果想找一个连接历史缩影和现代繁华的地方，那恐怕没有什么地方比拱宸桥更合适。杭州最早的日报《日商杭报》，创刊地是拱宸桥；

杭州的第一部无声电影，是在桥东里马路街头放映的；杭州的第一家戏院——丹桂园和后来的荣华戏院，在二马路，名角谭鑫培、刘鸿声来把过场子。"风雷滚滚汹波潮，五六拖船串一条。一自洋关新设后，来时不进拱宸桥。""烟浓浓啊烟浓浓，客人来趁三点钟。三节四节八九节，河江里向来接龙。"一百多年前，拱宸桥周边所盛行的《拱宸桥竹枝词》和《拱宸桥踏歌》，似留声机的片子，留下了岁月的影子。如今的拱宸桥，早已换了人间。这是时间的力量，这种改变就像是运河之水奔流不息，盈缺有时，但一直都在荡漾中。

拱宸桥上还曾留下了许多名人的足迹。鲁迅、周作人兄弟第一次离开浙江外出求学的起点就在拱宸桥，郁达夫人生经历的重要主场之一也在拱宸桥……四百年的岁月悠悠而过，拱宸桥之于杭州，已不仅仅是一座沟通交通的桥梁，而是历史、文化与城市记忆的结晶。在运河航运发达的年代，拱宸桥的标志性意义甚至超越了西湖，南来北往的货船与商船通行在大运河上，远远地看到拱宸桥，就知道到了杭州城。

如今的古桥依然人来人往，舟楫穿行，是杭州的旅游名片之一，也成了人们了解运河文化，了解杭州人文地理的重要窗口。

广济桥：一座古桥的前世今生

"桥夜寂行舟，天影淡空水。独有无事僧，往来明月里。"

明末塘栖大善寺主持释大香所写的这首《碧天桥》，清寂、玄妙，诗名中的碧天桥就是今天的广济桥。广济桥曾名通济桥、碧天桥，也称长桥，位于杭州市临平区塘栖镇西北。广济桥是大运河上现存规模最大的薄墩联拱石桥。共有大小七个拱券，势如长虹，历经 500 余年仍雄踞大运河之上。

在释大香之后，清初余杭人陆进也写了首《长桥步月》，描绘了广济桥赏月的美景："一片清光两岸分，永明禅寺暮钟闻。几群鸟鹊归村树，数点帆樯出水云。"

广济桥

广济桥始建年代已无从考证，一种说法是建成于初唐。"唐栖南北通衢也，跨溪有桥，额曰通济。肇自前代，漫不可考，久益倾圮，往来病之。"据传，明弘治二年（1489），宁波人陈守清募建了广济桥。清光绪《塘栖志》载："桥计七洞。嘉靖庚寅桥裂，里人吕一素捐金修。丁酉，复舍金重修。万历癸未、天启丁卯及清康熙乙巳屡圮屡葺，辛卯北垛又圮，吴山海会寺僧朱皈一与如意庵僧大生募建，甲午十月竣工。"可见，广济桥建成后在明清两代经历了几次大规模的修葺，今天的广济桥是清康熙年间重建，清光绪六年（1880）又对桥体进行了较大规模的维修。

广济桥造型古朴而独特，桥两坡各设石阶80级；桥面中央浮刻有圆形牡丹团花图案；石栏板素面，栏板两端为卷云纹抱鼓石，共有64根望柱，四角望柱上刻覆莲，桥孔顶部还有双龙戏珠、鲤鱼跳龙门等精美图案。

牡丹团花图案

卷云纹抱鼓石

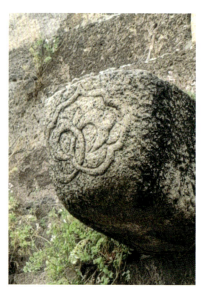

龙头石如意图案

为保障过往船只和市镇的地方治安，明嘉靖三十五年（1556）塘栖设杭州府水利通判厅，主捕盗和兼管水利，至清初废，民国初年府址亦毁，仅存立于其中的乾隆御碑。这块御碑通高5.4米，立于清乾隆十六年（1751），记载了当年乾隆第一次南巡时为表彰浙江未积欠钱粮，而免除当年应征地丁钱粮三十万两，勒石晓谕官民一事。

乾隆御碑

2. 五段河道：谁把名字写在水上

除了六个遗产点以外，大运河杭州段的申遗点段还包括杭州境内的五段河道，包括属于江南运河嘉兴—杭州段的杭州塘（杭州段）、上塘河（杭州段）、中河、龙山河，以及属于浙东运河杭州—绍兴段的西兴运河（杭州段）。

江南运河是整条京杭大运河中形成最早、自然条件最好、连续利用时间最长的河段。江南运河最早的河段早在公元前5世纪的春秋后期就已经存在。公元前482年，越王勾践开挖越水道（今崇长港）。据《越绝书》记载，春

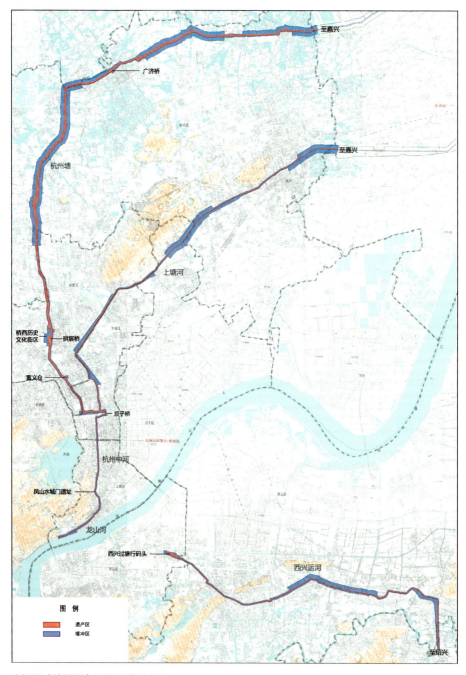

大运河（杭州段）五段河道示意图

秋时期吴国开凿了"百尺渎"，连通钱塘江"以达粮"，这是江南运河的前身。隋炀帝重修大运河时，又对原有的河道进行了整治拓宽，最终确定了如今江南运河的基本线路。

从自然条件来说，平坦的地形使得整条航道能够相对开阔，沿途的钱塘江、太湖、长江也为运河提供了充沛的水源。加上线路规划的过程中充分考虑了地形条件，使得水能够以合理的速度流动，这一段河道的维护成本也相应地较低，使其在一千多年的时间里一直保证了相对稳定的通航。从时间上来说，江南运河中的嘉兴—杭州段是整条大运河的各个段落中延续使用时间最长的河段之一，漕运结束以后仍保持着航运功能，时至今日，依然是江南地区重要的内河航道。

江南运河从隋代拓宽通航以后，一直是历代政府从江南地区运粮的主通道，曾经为国家的发展繁荣和政治稳定做出了巨大的贡献。随着运河带来的物质文化交流，也孕育出河道沿线特有的运河文化，极大地促进了长三角地区社会文化的发展繁荣。

大运河开通之后，在杭州境内的主要航道也经历了多次变迁，江南运河杭州段的各河道不同时期都发挥了重要的作用。江南运河的几处主要河段中，苏州塘、杭州塘至今仍保持货运功能。其中，杭州塘（杭州段）为高等级航道，仍是京杭运河的主航线。从 20 世纪八九十年代末开始，位于杭州城区的中河及龙山河、嘉兴环城河逐渐断航；上塘河、崇长港的航运功能也逐渐弱化。对于这些河道，以改善水质、完善绿化、整修驳岸为主的综合治理效果显现，保障了生态、排涝功能，也提升了景观和游憩功能。

杭州塘（杭州段）：何处渔舟暝未还

运河在嘉兴市区内与当地的水系相融合，形成了多处河道交汇处与湖泊，随后河道折向西南，往杭州方向前进，离开桐乡崇福后分为南北两线，两条线路最终在坝子桥附近汇合，北线与之前的河道合称杭州塘，南线则叫上塘河。

杭州塘的北段在汉代就已经开凿，最终在隋炀帝时期全线贯通，以嘉兴的西丽桥为起点，经过桐乡的石门镇和崇福镇，最终到达杭州市临平区的新宇村，河道全长约60公里。这段河道大部分流经乡村地区，空间开阔，许多河段都进行了升级拓宽以适应现代航运的需要，如今已成为京杭大运河的主航道，每天仍有川流不息的货轮行驶在河道之上。

杭州塘的南段，是元末张士诚整治杭州城垣、重新疏浚开凿运河以后形成的新航道。这段河道北从临平的塘栖镇开始，向西而后折向南，一路通向杭州市区，在武林门向东到东河口坝子桥。

塘栖，在苏东坡的许多诗文中就已经出现了，只不过当时写作塘西。由于塘栖—坝子桥段成为主航道的时间距今最近，这段河道上大量的历史文化遗迹得到了较好的保留。

与其他运河沿岸的城镇一样，塘栖镇的繁荣也与大运河息息相关。塘栖镇历代都是杭州城的北面门户。早在宋代，这里就已经形成了市镇，随着运河的发展更是不断地繁荣。旧时，塘栖周边临平的丝、麻，笕桥的药材，瓶窑的陶瓷、竹木……都从此经过。历经了数百年的时光后，全镇江南水乡的风貌依然保存较为完好。

河道最南端的坝子桥位于杭州艮山门一带，处在京杭运河、中河和东河三条河交界处的东河河道上，是京杭大运河沿线一处具有悠久历史的桥梁。虽然坝子桥本身没有列入运河杭州段的申遗点，但依然是申遗河段南端的标志性建筑。

坝子桥横跨东河两岸，桥额上刻有"东河第一桥"字样。这个称呼一方面是因为在东河上全部19座桥当中，坝子桥位于北部起点，另一方面也说明了它悠久的历史。坝子桥是杭州最古老的拱桥之一，具体始建时间已不可考。宋朝吴自牧著《梦粱录》书中就记有此桥。文史专家一般认为，坝子桥始建时间在南宋以前。

桥上有一处"凤凰亭"，亭子为八柱双飞檐制式，传说有凤凰来此筑巢，因此名叫"凤凰亭"。不过原来的亭子早已经毁了，现存的凤凰亭是1987年仿照原有样式重建的。关于凤凰亭，有诗曰："班门仙斧试通灵，顺应桥成岁几经。传说当年张果老，骑驴来憩凤凰亭。"顺应是坝子桥曾经的名字。而凤凰亭，据说最初被唤作"香乳亭"。坝子桥，似乎也与佛门有着不解

坝子桥

之缘：桥亭初建者传说是位和尚，和尚还曾题过亭额。在坝子桥附近还有过香乳庵、明月庵、定香寺等寺庙。

桥北不远处就是艮山门。因此艮山门又有了一个别称叫"坝子门"。宋元时期杭州的丝织业十分发达，这一片区域又是织户集中之地，整天都回荡着机杼之声，因此有了"艮山门外丝篮儿"的说法，也有另一版本作"坝子门外丝篮儿"。

20世纪70年代，由于当时东河的水位很浅，坝子桥下的三孔桥洞几乎都已经干涸了，成了存放物资的仓库。随着运河的整治，仓库也进行了搬迁，东河的水流量增加以后，坝子桥才逐渐恢复了原有的作用，如今作为人行通道使用。

坝子桥以北，在夹城巷与长坂巷之间，坐落着一座德胜桥。桥东立有南宋名将韩世忠的雕像和为了纪念他而修建的忠亭。与一般的人物立像不同，这处是韩世忠的骑射像，将军骑在扬蹄的马上张弓搭箭，英姿飒爽，一旁还有乘风破浪的船只和敲击着战鼓的水手，依稀可以感受到数百年前作战的场面。德胜桥名称的由来也与韩世忠有关，这里藏着南宋开国的风云岁月。

宋建炎三年（1129），苗刘兵变。在国家风雨飘摇之际，韩世忠挺身而出，双方在北关门外的京杭大运河堰坝附近展开了激烈的战斗，最终苗刘带着残兵败将仓皇逃窜。由于韩世忠的部队是在堰坝附近取得胜利的，因此这座坝也被人们称为"得胜坝"，后来在这附近修建的桥梁自然也就命名为"得胜桥"，随着时代的变迁逐渐讹传为"德胜桥"一直延续至今。

坝子桥以北还有另一处底蕴深厚的桥梁，这就是位于富义仓西北侧的江涨桥。北宋时，贬谪在湖北黄州的苏东坡曾写下一首《杭州故人信至齐安》，诗的最后一句"还将梦魂去，一夜到江涨"，句中提到的江涨桥，就矗立在运河之上。苏东坡想到了江涨桥，杭州的山水仿佛桥下运河之水，缓缓涌入他失意的心田。

当时湖墅一带的运河地貌，河滨纵横交错，野树葳蕤，桑榆婆娑，而更让苏东坡欣喜的是生活在此的友人。江涨桥是苏轼那两年常常要走的，桥西是江涨税务司，桥东是香积寺，这桥便成了世俗与神圣之间的勾连。当年，这里是杭嘉湖一带的佛教信徒到灵隐、天竺朝山进香的必经地。而始建于北宋太平兴国三年（978）的香积寺，也是善男信女的聚集之地，《西湖游览志》和《武林梵志》记载，当时寺门前的运河，每天千余船只往来交通，晚上也都灯烛通明。

老江涨桥的历史比拱宸桥更为悠久，但命途多舛，经历了多次重建，现在的江涨桥是1993年重建的。在江涨桥下两侧，有两组浮雕，雕刻了康熙、乾隆南巡时的景象，同时还详细记载了康熙与乾隆下江南的具体年代，

江涨桥

以及候圣驾的盛大场面。虽然老江涨桥作为建筑实体已经消失了，但其承载的历史记忆依然在杭州百姓中代代相传。

田汝成在他的《西湖游览志》中写有一篇《嘉兴晚发别陈子常》，颇可看出这一段运河在当时交通中的枢纽作用："江南春尽落花天，桑柘笼烟水满田。野店酒香新雨后，断桥人渡夕阳边。羁怀潇洒惟歌啸，世路崎岖只醉眠。倾盖逢君成坐久，片帆乘月下吴川。"

即使是到了今天，我们坐船前行，依旧可以欣赏到杭州塘周边独特韵味的江南水乡美景。嘉兴地处杭嘉湖平原，地势平坦水网密布，形成了以运河为主干、其他河道为支流的运河体系，这些纵横交错的水网使得船只可以在较大的范围内通行，极大地提高了运输的效率。这段河道到临平之后，流经临平区运河街道的博陆，运河杭州段连通钱塘江的"第二通道"，也正是从这里开始的。

上塘河：飞絮著人春共老

上塘河是杭州历史上有记载的第一条人工开凿河道，前身是秦始皇开辟的陵水道的一段。《越绝书》对这段河道有这样的记载："秦始皇造道陵南，可通陵道，到由拳塞。同起马塘，湛以为陂。治陵水道到钱唐、越地，通浙江。秦始皇发会稽适戍卒，治通陵，高以南陵道，县相属。"那时，这条水道就连通了嘉兴、杭州和绍兴，使得钱塘江与北部的水系相贯通。到了隋炀帝开凿大运河时，对这条河道进行了疏浚和拓宽，从隋唐到元末，上塘河一直是京杭大运河的主航道，在宋以前也是大运河进入杭州的唯一通道。

唐长庆二年（822），白居易在杭州刺史任上，因为旱灾，去往皋亭山祭神，走的是上塘河水路。南宋韦太后南归走的也是上塘河，而宋使北上，金使南下，走的也是上塘河。"百十里街衢整齐，万余家楼阁参差，并无半答儿闲田地。松轩竹径，药圃花蹊，茶园稻陌，竹坞梅溪"，当关汉卿从北京南下达杭州时，在稠密的运河水道间徜徉，他所见到的杭州景色繁华如斯，都浓缩在他二百余字的套曲里。关汉卿的所见所思，是他个人的，同样也是许多人的共识，他曲中的杭州，正是中世纪人们心目中美好的所在。

上塘河最具代表性的遗迹，就是位于今天嘉兴海宁境内的长安闸。而海宁，从隋唐到民国时期都地属杭州。长安闸处在水系交汇处，是连接崇长港与上塘河的重要水利枢纽。这个闸口始建于唐贞观年间，宋熙宁元年（1068）改建为长安三闸，形成了复式船闸与拖船坝并存的格局（大船和载货船通过船闸通行，小船和空船则经由拖船坝通行），这是世界水运史上最早的复式船闸，比欧洲同类型船闸的出现早了300年。元代对船闸进行了维修，在老坝的西面又修建了新坝，设有专门的机构进行管理和维护，一直到清朝中后期才逐渐废弃。南宋诗人范成大曾有一首《长安闸》描绘当时船只首尾相连的繁盛景象。然而随着元末张士诚开通新的运河路线，长安闸也随着上塘河逐渐萧条了下去。

如今，长安闸遗迹由"三闸两澳"和长安坝组成：三闸即上闸、中闸和下闸，上闸与中闸之间的河道称为上闸室，中闸与下闸之间的河道称为下闸室。两澳则是上澳和下澳，是三个闸门旁边用来蓄水和输水的水柜。两澳是宋崇宁二年（1103）在长安闸傍运河西岸开挖的。通过澳补充船只过闸所耗费的水量，使得整个水闸中的水位保持相对稳定，从而提高整个船闸系统的稳定性。

长安闸的基本格局得到了完整保留，几个原有的闸门都已经改建成了

长安坝过船场景

中闸遗址考古发掘现场

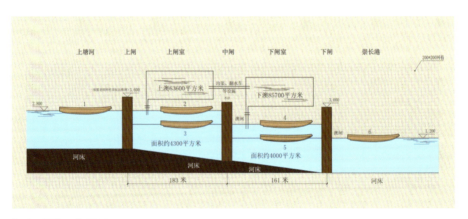

长安三闸的工作原理

闸桥，下闸和中闸的原址上都发现有大量的遗迹，在研究古代水利工程方面具有重要的实物价值。长安闸也是现存唯一被《国际运河名录》所记载的复闸例证，是京杭大运河先进技术水平的有力证明。

经过长安闸后上塘河一路往杭州延伸，有很长一段河道的走向都是沿着皋亭山南麓而行。皋亭山横亘在杭州北部，包括了半山、黄鹤山、元宝山、桐扣山、佛日山等多座山峰。因紧邻大运河河道，这里自然成了非常具有战略意义的军事要地。

北宋《太平寰宇记》记载："皋亭山在县东北二十五里，山上有石城，周围十里。"此时山上已经建有防御工事。到了南宋迁都杭州，皋亭山作为南宋王朝的北部门户，其战略意义就更加凸显。南宋末年，因上皋亭山和元军谈判，文天祥第一次被羁押。

　　南宋时，上塘河是大运河的最南端，迄今还留存有赤岸班荆馆的遗址。班荆馆，就是南宋时的国宾馆。《咸淳临安志》中这样描述："赤岸河，在赤岸南，自运河入，通高塘、横塘诸河。"1982 年之前，赤岸河的船只可以一直航行到梅花碑的断河头，人在此上岸。南宋大诗人陆游（1125—1210）当年用了一天时间，从清波门过三闸到艮山门过夜，第二天中午到赤岸班荆馆小休，走的就是这条水路。和陆游同时代的周必大(1126—1204)在《乾道壬寅南归录》中对这条水上交通要道也有过详细的记录："丙辰黎明……径北关，杭一苇，疾驰三十里，至赤岸、高（皋）亭峰，登岸百余步候馆，遍福院，送客，无由可至，惟汤朝美主簿相访于此。晚以小车行数里，入

历史与现代交织的上塘河

崇先院，盖显仁皇后功德院也。"

历经了千年的风雨，随着城市的不断扩张，上塘河的运输功能已经大为削弱，货船络绎不绝的繁华景象早已成为历史，两岸也建起了鳞次栉比的楼宇屋舍。如今在两岸多了亲水绿道，沿线的历史人文和特色风貌也得到了深度挖掘和保护。

中河—龙山河：云烟湖寺家家境

杭州城内水网交织，京杭大运河、钱塘江、贴沙河、中河、东河、西河、西湖等江河湖泊共同构筑起主城区的水网系统，数条河流都直接与京杭大运河相接，其中最重要的支流之一就是中河—龙山河，它是京杭大运河的

中河

水道在杭州市区内的延伸。

虽然名称各异，这两条河其实是连续的河段，凤山水城门就坐落在这条河上。以凤山水城门为界，北面称中河，南面则称为龙山河，在中河东面是与其走向基本平行的东河，两河在并行一段距离后东河的河道并入中河。龙山河的河道则是先向南，随后折向西南，抵达最南端的闸口。如今，龙山河与钱塘江已不直接相连，水流由南向北汇入上塘河。

中河和龙山河是比较狭窄的水道，这一段河道在历史上也数易其名，今天的中河—龙山河包括了古代龙山河、盐桥河和新横河三条河段的范围。隋炀帝开凿大运河时，为了使运河水系与钱塘江沟通，在城东、城南开河（即今杭州中河北段、龙山河），经柳浦而至白塔岭附近。

中河、龙山河直接与钱塘江连接，江水的含沙量较大，河道又狭窄，泥沙的淤积严重，需要经常疏浚才能保证正常通航。为了解决这一问题，五代吴越国钱镠在河道上修建龙山闸和浙江闸两处闸门，以阻止泥沙的进入。双闸的设计起到了很好的减缓泥沙淤积的效果，是古代水利工程的杰作。龙山闸就位于今天龙山河最南端的闸口附近，浙江闸原是南北朝时的柳浦，唐代称为"樟亭"，至吴越则改称浙江闸，在今天的南星桥三廊庙一带，已经在时间长河中湮没了。

到了北宋时期（此时这段河道北面已改称盐桥河，南面仍称龙山河），这一段河道往来交通更加繁忙。当时的杭州知府认为同样建成于吴越国时期的清河堰降低了船只通行的效率，故予以拆除。加上此前的两闸已经年久失修而废弃不用，钱塘江水再一次毫无阻拦地直接进入运河河道。苏东坡在杭州主政期间，对其进行了大规模的疏浚并重建了闸口，又将河道与西湖相接，使其能够获得含沙量较小的水源，较好地解决了河段泥沙淤积

东河

的问题。

"二更铙鼓动诸邻，百首新诗间八珍。已遣乱蛙成两部，更邀明月作三人。云烟湖寺家家境，灯火沙河夜夜春。曷不劝公勤秉烛，老来光景似奔轮。"苏东坡的这首《次韵述古过周长官夜饮》，写的正是当年中河的夜景。

南宋时，为了皇城的安全，龙山闸始终处于关闭状态，龙山河也完全断航，在这种情况下北段的盐桥河则仅剩西湖为唯一的水源，再加上周边城市用地对河道的不断侵占，两段河道的流量都大大下降。北段的盐桥河由于有航运价值，官府经常组织疏浚，河道还保持较为正常的状态，龙山河到南宋末期则已经几乎完全淤塞了。元代解除了龙山河的禁航，但此时河道已经被填埋，并建有民居，完全无法通航。后由官吏裴坚重新疏浚龙山河，使其再次通航。

因长期的使用带来了持续不断的泥沙淤积，龙山河的水位最终在嘉靖年间超过了钱塘江，官府拆除了原有的闸口，在闸口的位置修建了堤坝，来往船只需要翻坝通行，龙山河从此结束了与钱塘江直接相通的历史。

1988年底，杭州市完成了京杭运河与钱塘江的连通工程，钱塘江的船只不再需要翻坝，可以直接进入大运河，中河及龙山河也就随之断航。

清代杭州诗人厉鹗的七言绝句《沙河》："澄明日影射鱼罩，淡冶风光上鸭陂。齐浸篱根三尺水，小桃正是试花时。"可以让我们遥想当时的中河风光。

一条穿城而过的古老河流，自然留下了诸多遗迹。在中河—龙山河之上，如今数得出的桥梁还存40余座（石拱桥和公路桥），有始建于宋代的老南星桥、六部桥、回回新桥、柴垛桥等，有始建于明代的化仙桥、海月桥等，有始建于清代的新横河桥，还有民国时建的复兴桥。宋、明始建的拱桥，有一些早已崩塌，但桥名还在；还有6座明清时期的古桥保存至今：水澄桥、化仙桥、海月桥、洋泮桥、老南星桥、六部桥。

龙山河

水澄桥为三孔石梁桥，最为靠近钱塘江，在龙山闸向北一点。在正中栏板及望柱上刻有"水澄桥，里人重修""大清光绪二十六年八月重修""桥杆石柱同人公置"等字样。桥面西南侧尚存有一方形立柱，上刻"南无阿弥陀佛"等字样。

再往北，化仙桥东出复兴街，西通大巷口。化仙桥原为木桥，后改为石桥，现桥为明成化十三年（1744）所建，清光绪二十四年（1898）修缮。此桥为单拱石拱桥，拱券采用众联分节并列砌制法，桥拱壁末侧刻有"大明成化十三年岁次丁酉立"字样，西侧刻有"大清光绪二十四年"字样。

继续北上，是建于明万历年的海月桥。传说建桥时附近有一小潭，秋月高照，像海中有月，故名海月桥。桥为三孔石拱桥，拱顶石雕有龙形吸水兽。金刚墙用条石砌筑。桥面铺设石阶。桥两侧有栏板、望柱，两端用抱鼓石。望柱呈方形。桥顶两侧栏板的外侧均刻有"海月桥"桥名。清道

化仙桥

洋泮桥

光三年（1823），桥曾经修葺，桥侧留"道光三年"题款。

洋泮桥始建年代不详，南宋时已存，现在看到的桥为明万历二十年（1592）重建。桥西端桥墩嵌有重建碑记，上刻"杭州府钱塘县上隅西重建洋泮桥，劝缘信士吴天万、冯天相……匠头陈天惠、徐尚宁、车大良。大明万历二十年（1592）岁次壬辰孟冬吉日立"等字样。桥旁原有大慈寺、龙王庙及木业公所等，现已无存。1996年中河综合整治时整修了桥体，更换了部分栏板、望柱和桥面石板。

老南星桥位于江城立交桥南面，东出江城路，西通凤山路。此桥始建于北宋，取名"南新桥"，元代和明代以俗名"朱家桥"称呼，清初改称"里横河桥"。民国时在其附近建有一公路桥，称南星桥，南新桥便被称为老南星桥。

六部桥旧称都亭驿桥。南宋时期，是三省六部官员上值的必经之路，因

水澄桥

与三省六部行政官署东西相对,而被当地居民呼为六部桥。元代改名通惠桥,明代又称其锦云桥,如今恢复了六部桥的名称。

河道的变迁反映着时代的盛衰。中河虽然较为狭小,在航运上的价值不如其他几处河段,但作为贯通城区南北的重要水道,防洪排涝、调节区域气候的作用不容小觑。随着中河综合治理工程的完成,河道两岸焕然一新,也使得中河更好地融入了现代的城市生活。

浙东运河：旷世风华一水间

浙东运河又称为杭甬运河。顾名思义,这是一条沟通杭州和宁波的水道。西兴过塘行码头所在的西兴运河就是浙东运河的一部分。

这条运河起自杭州市滨江区的西兴街道,经过绍兴市后最终流入宁波市的甬江入海,全长约 239 公里。它的历史比京杭大运河更为悠久,可追溯到春秋时期的山阴故水道。据《越绝书》记载,山阴故水道起于范蠡修建的山阴大城东郭门,终于上虞东关练塘。晋惠帝时,为满足灌溉需要,由会稽内史贺循主持,修建了从钱塘江东岸的西兴至会稽城的运河,这段运河与上虞以东的运河以及姚江、甬江的自然水道形成了浙东运河。

由于浙东地区地势南高北低,自然形成的河流大多为南北走向,东西流向的浙东运河沟通了姚江、甬江、钱塘江、曹娥江等自然河流,使得区域的水网能够连为一体。为维持不同区域的水位并使船只能够通过水位不同的河段,运河中修建了许多碶闸和堰坝设施。这与数量众多、形式各异的桥梁一起成为了浙东运河的特色,也成为了重要的运河遗产。

南宋定都临安后,浙东运河成为连接王朝中枢的重要通道。古代船只抗风浪的能力较弱，而杭州湾一带风浪凶猛，容易发生危险，因此浙东地区的船只大多通过浙东运河到达杭州。海上丝绸之路繁盛的时候，这里也是商品对外出口的重要通道。茶叶、瓷器等商品从杭州出发，经由浙东运河到达宁波，再通过海上航线运往海外诸国，而进口的商品也经由同样的路线输入。

元以后运河的作用有所削弱，不过依然保持着航道的畅通，直到近代，随着新型交通工具的出现，公路运输才逐渐取代航运成为主要运输方式。又因为河流改道等因素，虽然浙东运河的部分河段已经不再通航，不过浙东运河杭州萧山—绍兴段、浙东运河上虞—余姚段仍然承担着一定的运输功能。

浙东运河

　　浙东运河在历史上除了繁忙的航运功能之外，还有着灌溉、漕运、水驿等多种功能。西晋时修建的西兴运河，其最初的用途即为灌溉。南朝时设置堰埭4座，唐代元和十年（815）运河官塘得到修筑，浙东运河蓄水排涝的功用得以完善。从宋至明清，历代修缮运河河网蓄泄设施，使得运河的闸坝节制系统较为完善。浙东是重要的漕粮征发地区，因而浙东运河承担了漕运的重要任务。唐代，运河设施即纳入官办，漕粮自浙东运河到达西兴之后，渡过钱塘江，经由大运河运抵京城。南宋时，浙东的盐米和各类物资大量由浙东运河运往临安，而福建所运漕粮也自海路登岸，经由浙东运河运往临安。元代漕粮海河联运，宁波设立漕粮海运管理机构，浙东运河运输的漕粮经由宁波（时称庆元）港转为海运。直到明代，经由浙东运河的漕运仍然较为发达。清代咸丰年间再行海漕，运河漕运功能始废。

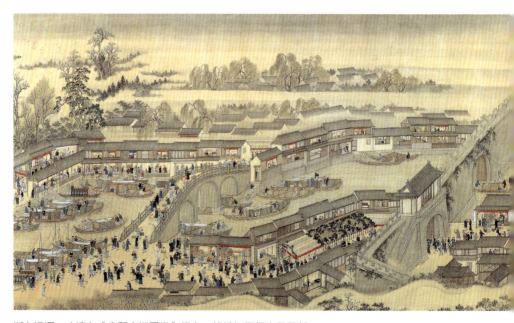

浙东运河　（清）《康熙南巡图卷》卷九　钱塘江至绍兴段局部

水运的便利，也让浙东运河作为驿道存在，在浙东运河的起点西兴，就曾设立西兴驿，途经浙东运河转发各地来往绍兴、宁波、台州的公文。同时还设有递铺，负责邮政事务。宋代，沿运河曾设置 12 处驿站，明代有所裁撤，清乾隆二十年（1755）后保留西兴驿，其余各县设驿。清光绪三十二年（1906），近代邮政建立，递铺遂取消。宣统三年（1911），清帝退位，驿站全部撤销，但浙东运河仍然保留一定的邮政功能，直至铁路和公路的普及。

也正因为浙东运河在历史中发挥的重要作用，尤其是在漕运和海外贸易方面的贡献，以浙江大学陈桥驿教授为代表的一些学者认为，"中国大运河"应当包含浙东运河。2008 年 11 月，作为京杭大运河的延伸段和大运河与海上丝绸之路联通的通道，浙东运河被列入中国大运河申遗项目。2013 年 5 月，浙东运河被纳入第七批全国重点文物保护单位。

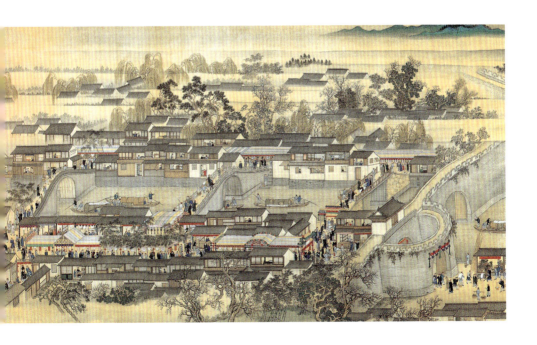

在时间的雕琢下，浙东运河沿线保留下了大量的运河文化遗迹。其中全国重点文物保护单位 3 处，省级文物保护单位近 20 处，市县级文物保护单位就更多了，这些历史遗存主要为水利设施和桥梁。如位于杭州市滨江区的永兴闸，位于上虞境内的曹娥堰、梁湖堰、通明堰、清水闸，位于余姚境内的斗门闸、云楼下坝和位于宁波市辖区内的西渡堰等。

除此之外，浙东运河古桥众多，形式多样，其中，在绍兴市境内的部分桥梁就以绍兴古桥群的名义被列入全国重点文物保护单位。

浙东运河杭州萧山段

为了使船只能够顺利通过水位不同的各个河段，各类水利设施也层出不穷，特别值得一提的是古纤道。古代船只通行受自然条件的制约很大，天气恶劣或者较为陡峭的河段往往难

双面临水纤道

以通行，需要人工在岸上拉纤，拉动船只前行。古纤道就是供背纤人所走的道路，同时在气象条件恶劣的时候也可以帮助来往船只暂时躲避风浪。古纤道的建设始于唐元和十年（815），系浙东观察使孟简大规模疏浚浙东运河后，修建起的运道塘。不过在那之前部分河段上已经出现了类似的设施，是连为一体的古纤道的雏形。

全盛时期的纤道从西兴出发一直绵延到曹娥江边，全长75公里。浙东运河纤道有单面靠岸和双面临水两种形式，后者又可分为实体纤道和石墩纤道。双面临水纤道中常间隔一定距离设置桥梁用于船只通行，有着"白玉长堤"美称。今天留存下来的纤道形态各异，由多孔低梁桥连接而成，犹如链子一般环绕着河道，千年来数不尽的纤夫和船只通过这些纤道来来往往于运河之上。

闻名遐迩的"浙东唐诗之路"，其中便包含浙东运河，当年贺知章、李白、杜甫，以及秦观、陆游、范成大等文人墨客，都曾造访与流连。

不妨遥想一下，行舟在浙东运河上的李白，远眺巍峨青山，一首《梦游天姥吟留别》在风中铿锵吟出："海客谈瀛洲，烟涛微茫信难求；越人语天

姥，云霞明灭或可睹。天姥连天向天横，势拔五岳掩赤城。天台四万八千丈，对此欲倒东南倾。我欲因之梦吴越，一夜飞度镜湖月。湖月照我影，送我至剡溪。谢公宿处今尚在，渌水荡漾清猿啼。脚著谢公屐，身登青云梯……"

这些声音和人影，一直都在运河上流传。

申遗之路： 第四章
八年的坚守与努力

1. 运河之旅：申遗要唱"同一首歌"

大运河申遗，历时八年。经历了准备阶段、保护规划制订阶段、冲刺阶段和成功申遗。从最早提出申遗到付诸实践，从开始的艰辛到最终落锤的喜悦……大运河像一条纽带，把沿岸城市和人民串联在了一起，为保护自己的母亲河，为一个共同的目标一直努力着。

其实，大运河这条贯穿南北 5 大水系、流经 8 个省市的千年水脉如何更有光彩地流向未来，习近平总书记早就深深牵挂，念兹在兹——

2006 年 12 月 31 日，杭州水上巴士"西湖"号迎来一位特殊的乘客——习近平。古老而又新生的运河，串起沿线的江南风光，透过水上巴士的玻璃窗，两岸美景尽收眼底。从拱宸桥到艮山门码头，行船中，习近平仔细询问运河的保护和建设情况。听到工作人员介绍说，杭州运河正进行综合保护，习近平频频点头。

在视察中国京杭大运河博物馆时，他叮嘱道："要用好运河这张'金名片'，进一步强化运河的生态、文化、旅游、休闲、商贸、居住功能，把运河真正打造成具有时代特征、杭州特色的景观河、生态河、人文河，真正成为'人民的运河'、'游客的运河'。"①

结束水上巴士的考察时，习近平希望杭州能再接再厉，继续做好运河综合保护工作，使城市的经济和自然环境和谐发展。

对文化遗产保护，从宗旨到细节，从内涵到外延，习近平都有着持续、系统的思考。2006年6月10日，习近平在"文化遗产日"调研时说："城市化率的提高往往意味着'建新拆旧'，意味着农村变城市，意味着现代化的过程。但是在这个过程中，也隐藏着对文化遗产进行破坏的危险，在现实中就存在着对城市文化个性的轻视甚至埋没，造成文脉的断裂，造成'千城一面'的现象。"②

殷殷嘱托，言犹在耳。运河安澜，其命维新。

涓涓细流汇成广阔之水

大运河是祖先留给我们的宝贵遗产。作为"流动的文化"，既是空间的绵延，更是时间的流淌。运河申遗也如汤汤的水脉，由涓涓细流汇聚而成。在漫长的申遗过程中，留下了无数的记忆片段和许多值得铭记的细节。

在中国大运河前申遗时代，我们从新闻报道中看到的几件事、几个人，也许是个例，又或者是代表着一种思考。1997年，从哈佛大学归国任教北京大学的俞孔坚教授十分关注京杭大运河的现状以及保护。在美国，一些

---

① 《习近平在杭州调研为民办实事工作时强调：落实以人为本要求　重视民生办好实事》，《浙江日报》2007年1月1日，第1版。
② 《干在实处　走在前列——习近平浙江足迹》，浙江人民出版社、人民出版社，2022年，第229页。

即使历史并不很长、里程也不很长的古运河，都设有专门的运河管理委员会，原貌也被保护得非常好。看到国内价值如此巨大、影响如此深远的京杭大运河却处于无人问津的状态，俞孔坚坐不住了。

他带领团队从北京通州段运河开始考察，后来又慢慢地把范围扩大到苏州、杭州等地。2003 年，他正式向国家文物局提出"关于为实现整体保护目的的京杭大运河遗产廊道"的研究课题，希望对京杭运河的现状做一次全面调查了解，同时摸清运河的"家底"，为未来的"申遗"做准备。

他的这项申请获得了国家文物局的支持。随后，他所在的北京大学景观设计学研究院招募了 28 名学生组成课题组，展开了对京杭大运河的全线考察工作。

一个多月以后，考察工作结束，结果多少让人沮丧：运河枢纽遗址遭到重大破坏，有些已渺无踪迹，历史文物保护现状堪忧。

通过这次考察，他们发现运河沿线有迹可寻的遗产点 1562 个，有一些重要的历史遗迹已不再有原来的风貌，甚至已消失。同时，由于没有相关的保护，很多河道成为了生活垃圾处理站、排污沟，垃圾遍布、污水横流。

这次调查所反映出来的问题引起了人们的关注，对大运河的保护以及要求大运河申报世界遗产的呼声越来越高。

而当时的杭州已启动了运河综保工程，像是拂去千年"明珠"上的尘埃，运河越来越显露出它与众不同的魅力。"申报世遗！"这个念头在不同的人心中不约而同地闪过。

寄给运河沿岸城市市长的信

郑孝燮（中）、罗哲文（左）、朱炳仁（右）

杭州铜雕大师朱炳仁回忆说："2005 年 12 月中旬，罗哲文、郑孝燮到杭州开会，我前去探望。我向郑老惋惜地说，原本大运河上要建一座铜桥，花了很多时间进行设计，最后因为种种原因没建起来。郑老说，这座桥建不成，咱们还可以搭另一座'桥'——通向运河申遗的'桥'！"

这个提议让三人一拍即合，委托《人民日报》海外版高级记者齐欣连夜起草《关于加快京杭大运河遗产保护和"申遗"工作的信》，并寄给运河沿岸 18 座城市的市长。

他们三位虽然身处的领域不同，但对运河的热爱却是相同的。

郑孝燮是国家历史文化名城保护专家委员会副主任委员，城市规划专家，设置中国历史文化名城主要倡议人之一。他长期致力于城市规划、建筑设计的实践、教育和科学研究，在他看来，文物保护不是孤立的，不是"独善其身"的，而是要连同文物周围的环境统一地加以保护，要把城市规划和文物古迹的保护有机地结合起来。

罗哲文是中国古建筑保护泰斗，生前历任国家文物局古建筑专家组组长、中国文物学会名誉会长。他 1940 年考入中国营造学社，师从著名古建筑学家梁思成、刘敦桢等。1946 年随梁思成进入清华大学工作。1950 年起在国家文物局任职，一生都在从事中国古代建筑的维修保护和调查研究工作。他对运河的热爱和关注令人动容。值得杭州人欣慰的是，罗哲文生前到杭州时，对拱宸桥、广济桥、小河直街保护的杭州经验非常肯定，"原汁原味、原模原样、似曾相识"，这 12 个字或许是对杭州运河保护最好的评价。

朱炳仁是中国工艺美术大师、国家级非物质文化遗产铜雕技艺代表性传承人，开创了"熔现实主义"新流派，作品有雷峰塔、灵隐铜殿等标志性铜建筑。在郑孝燮和罗哲文两位老先生的带动下，朱炳仁也积极投身于运河申遗的热潮当中。

罗哲文、郑孝燮和朱炳仁在运河申遗过程前后的故事，我们后续的章节中还会涉及。他们代表的是运河沿岸人们的心声，还有很多共同心愿的人，也在为推动运河申遗而努力。

一条河流着流着，就这样从涓涓细流，汇聚成了广阔之水，而后奔流向海。

适时而生的"大运河申遗提案"

从 2006 年往前追溯，大运河申遗的正式提出是在 2004 年。时任国家文物局局长单霁翔在参加南水北调东线工程文物保护项目调研时发现，南水北调东线工程可行性研究报告中，对大运河和沿线文物古迹没有给予应有的重视，使大运河文化遗产保护面临严峻挑战。

2004 年 3 月，全国政协十届二次会议召开。单霁翔和樊锦诗、安家瑶等 7 位政协委员联名提交了《关于大运河文化遗产保护亟待加强的提案》，提出"大运河主河和沿线文物古迹始终没有被列入全国重点文物保护单位，没有列入世界文化遗产名录，没有制定一部法规来肯定和保障它的历史地位。所以，亟待重新确定大运河作为人类文化遗产的历史特质与重要地位"。

一晃两年之后的 2006 年，全国"两会"上，刘枫领衔，58 名全国政协委员附议签名起草了一份影响深远的"大运河申遗提案"。当年 6 月，国家文物局将京杭大运河列为全国重点文物保护单位。

这份著名的"大运河申遗提案"，全称是《应高度重视京杭大运河的保护和启动申遗的提案》，提案中写道："如果不注意启动有如'申遗'这样重大的、为各地重视的保护工作，大运河的历史文化，遗迹，生态、自然的风光，将不可避免地退化并迅速消亡，这将是中华民族不可挽回的巨大损失。"

提案中如此建议：

一、建立由国务院领导同志牵头的统一和协调机制，组织有关部门和有关省市统筹规划和实施京杭大运河保护与"申遗"工作，对重大问题作出决策。

二、尽快成立由相关部委、有关专家、沿岸政府参加并鼎力支持的研究机构积极开展调查研究和价值评估工作，摸清大运河的"家底"，尤其是以"景观"和非物质文化为重点的资料搜集工作，提出可行性建议。

三、以科学发展观为指导，尽快制定大运河整体保护规划，妥善处理保护、整治和发展的关系，妥善处理与南水北调工程的关系，为各地运河整治提供依据。

四、按照《保护世界文化和自然遗产公约》和有关"申遗"的要求，将申报自然、文化遗产与申报非物质文化遗产结合在一起通盘考虑，以创新的思路准备申报文本，阐述其独特而重要的遗产价值，争取在未来 5 年内正式申报。

五、征集并公布京杭大运河遗产统一标志。

这份提案可谓"适时而生、应运而生"，尽管运河从开掘以后，形成了独特的运河风情、人文景观和民俗风韵，是中华文明史的重要组成部分，但对它能否申遗却一直存在争议。

联合国教科文组织于 1972 年 11 月 16 日在巴黎通过了《保护世界文化和自然遗产公约》，决定将国际公认的、具有杰出和普遍价值的文化古迹与自然景观，作为全人类的共同财产加以保护管理，传给子孙后代。1985 年 12 月 12 日，我国正式加入《保护世界文化和自然遗产公约》，成为缔约方。1987 年，中国开始遗产申报工作，同年 12 月，在联合国教科文组织举办的世界遗产委员会第十一届全体会议上，首次将中国的北京故宫、周口店北京人遗址、泰山、长城、秦始皇陵（含兵马俑坑）、敦煌莫高窟 6 处文化遗产列入《世界遗产名录》。

《应高度重视京杭大运河的保护和启动申遗的提案》

早在长城申遗时，以罗哲文、郑孝燮为代表的专家就提出了"大运河申遗"的建议。京杭大运河与万里长城、埃及金字塔和印度佛加大佛塔并称为世界古代最宏伟的四大工程，时至今日，这四大工程唯独京杭大运河是活着、流动着，并且仍在发挥价值的文化遗产。但当时一些观点认为"文物是固定的，运河是流动的"，而且一些河床已经干涸、部分河段污染较重、一些河道已经改变，因此大运河不适合申报世界遗产。

大运河申遗的事情因此耽搁了下来。

到了2005年，联合国教科文组织将遗存运河和文化线路作为新的世界遗产种类列入其中，国外运河也有了成功申遗的先例。这份提案在这时提出可谓是顺势而为，它呼吁启动对京杭大运河的抢救性保护工作，并在适当时候申报世界文化遗产。

这像是一枚在春天播下的种子，播下的是希望和成功。

2006年，是为大运河申遗元年。

并不乐观的南下之路

2006年，全国政协会议刚结束不久，全国政协文史委就着手大运河全程考察和杭州研讨会的筹备工作。

"5月12日那一天细雨濛濛，大运河历史上规模最大的一次全程考察在首都博物馆景德牌坊前起航了。途经北京、天津等6省市、18个城市、30余个县区，行程2500多公里，为期10天。"这是时任杭州市政协文史委主任宋传水对2006年全国政协组织的京杭大运河保护与申遗考察活动的回忆。

在启动仪式后，数十位全国政协委员和来自文物、历史、考古、水利、建设、规划、南水北调工程等各领域的专家学者 68 人，在时任全国政协副主席陈奎元的带领下，对京杭大

京杭大运河保护与申遗活动启动仪式

运河沿线的北京、天津、河北、山东、江苏、浙江等省市进行了广泛深入的调查研究，为大运河的保护与申报世界文化遗产工作提供了科学严谨的资料和佐证。

在考察过程中，这些委员、专家以留住历史文化遗产的根脉为己任，不辞辛苦，一路走，一路看，一路思考，一路建言。

就在活动启动前一天，郑孝燮接受了记者的采访，他对大运河申遗一直心心念念，可能是太过激动，采访结束后不久，他就因身体不适被紧急送往医院。在重症监护室，郑孝燮被抢救了一夜，他醒过来的第一句话竟然是："还赶得上去天津！"由于身体原因，郑孝燮最终没有参加这次考察，但他的欣悦之情或许代表了全体考察团成员的心境。

考察团的出发点被安排在了北京东城区东四十条 22 号的南新仓。在高楼大厦的簇拥下，5 座木瓦结构的仓库显得单薄，但大运河的文明就藏在这些如今看来略有些简陋的建筑里。

然而，考察团出发时的轻松很快变得沉重起来，一路的所见，让考察团忧心忡忡。因为大运河正在遭遇的窘境：缺水！污染！破坏！

当时《人民日报》的报道这样写道：

在天津武清区运河段，雨过天晴，裸露的河床上，车轮轧出的坑道里蓄了少许雨水，仿佛发着"下雨也不解渴"的无奈。这一幕令考察团成员心情沉重起来，天津市政协文史资料委员会副主任方兆麟告诉记者，因为水的宝贵，黄河以北运河沿线各地筑坝截流，运河上游的水很难流向下游，运河只好"渴"着，即便有点水，也成了一段段"死水"。一路走来，委员们看到，山东省济宁市以北的大运河河段，已基本断流停航，有的河道长年干涸，以至于附近年轻一点的人还不知道，曾经赫赫有名的运河就在身边。

考察团来到河北捷地闸附近，听到一些老百姓的怨言：好不容易花钱从水库买来水，可被沿途工业废水污染，喝不得，只能凑合浇灌庄稼。考察团发现，这里的水面果真泛着"浮油"，水成淡黄色。在山东临清卫运河段，考察团成员看到河水已成黑色，老远就闻到了异味。南水北调东线一期工程，就是因为考虑卫河水的污染，所以从临清选择了另辟河道送水到德州。"有水必污"的局面，令考察团成员痛心：口口声声把大运河当成"母亲河"，而现在"母亲"的"乳汁"已成"毒汁"了。

"济宁南旺分水枢纽是整个大运河上最具科技含量的工程，随着大运河的停运，曾经显赫的历史与附近大多数古运河道一样，被掩埋在了地下。"时任中国水利水电科学研究院水利史研究室主任谭徐明给大家介绍此前她了解的情况，"有的地方为了提高通航能力，对运河上一些码头、船闸、桥梁等设施一炸了之。"考察团发现，由运河衍生的官仓、会馆、驿站等古建筑，有的被岁月抹去迹象，有的在城市改造开发中被"改头换面"，甚至是毁坏殆尽。同时，附载在运河两岸和河上的许多民俗风情，正逐渐销声匿迹。运河风韵难觅，考察团成员心急如焚。

这是当时大运河的状态，考察团成员在与大运河沿线城市管理者的交流中，普遍感到，运河保护不能光凭热情，还需要科学的思路和方法。比如从管理上来说，大运河是属于线状的，分属六省市（直辖市），保护管理涉及交通、水利、环保、国土、建设、规划、文物等部门，当时的情况就是缺乏统一有效的协调机制，保护管理体制处于分散状态，各吹各的号、各唱各的调，保护工作呈现出"南热北冷"、整体失调的局面。

带来期许的杭州考察

5月21日中午，考察团抵达杭州。

和从北京出发时的60多人相比，此时考察团的队伍已经达到180余人，都是沿线城市的专家，这些专家中包括刘庆柱、夏燕月、董良羣、舒乙、谢凝高等人。人数的增加，和公众对大运河的关注成正比。

在大运河杭州段，考察团不仅乘船考察了运河，还上岸参观了京杭大运河博物馆和拱宸桥、广济桥、乾隆御碑等历史遗存。而杭州这些年对古运河的保护和整治举措，令考察团的委员和专家们深感欣慰，认为杭州是大运河保护工作做得最好的城市之一。这里，我们不妨撷取其中的几朵浪花：

罗哲文严谨细致，他喜欢从细处着眼，在反复查看了杭州运河古桥台阶的倾斜度，和桥缝碎石间附生植物的清除情况后，对工作挑剔的他点头说："这样的保护，我就放心了。"

考察团在运河边漫步，面对杭州运河沿岸保留的老房子，时任全国政协委员、中国社会科学院考古研究所所长刘庆柱说："建筑就是凝固的历史呀，杭州的这些老房子就是一个历史符号，它们能引起人民对杭州历史的联想，

杭州运河沿岸老房子

我们'申遗'的不是现代化的运河，而是化石般的运河，所以不能乱拆这些房子。""今天一路下来，这种能反映明清时期江南民居风格的建筑已难得一见，保下来就是历史见证物，就是运河杭州段历史遗存的重要节点。"

在看了运河边的新建筑后，时任北大世界遗产研究中心主任谢凝高建议："新东西可以造一点，可以包装一点，像你们对运河桥梁的改造，但不能过头，而且要建立在研究的基础上，体现文化内涵和历史的信息。"

而董必武之女、全国政协委员、中国文联书记处原书记董良翚更是提出："上午看了运河，这会儿看了西溪。有一点我想要提出来，水还要更干净。运河韵味在哪里？就是水。运河要申遗，起码要达到三类水标准。杭州引钱塘江水入西湖是个办法，至少可以让西湖的水动起来、干净起来。杭州的经济很发达，一定要想办法，让运河和西溪的水尽快干净起来。"

在考察团专家的心中，关于大运河申遗的轮廓渐渐清晰，时任国家文物局局长单霁翔说："大运河流域涉及六个省市，所以谈申遗和保护不是一个省、一个城市的事。以前对于大运河的保护没有统一的组织协调，各个省市都是各自为战，地方政府的重视程度和保护程度不一样。加上历史、环境、经济发展水平等原因出现了南北截然不同的状况。现在申遗最需要的就是大运河流经的所有地方的管理都能统一协调起来，这样才能有体系。"

对于申遗的难度，大家也很清晰。时任国际古迹遗址理事会副主席郭旃认为，从申请规则上来看，现在做大运河的申报和以前长城的申报在背景和环境上有很大不同。长城申报的时候，要求比较宽松，然而大运河申报要求非常严格，要做的工作也就更多。怎么处理真实性与"仍在延续使用"的关系，完整性与水的关系，与景观、文化传统的关系等都要进一步考虑，大运河的申遗会是一个长期的过程。他建议考察研讨结束后，成立一个国家级的机构来统一领导协调，在准确摸清大运河现实状况的前提下，制定出全国统一的规划，同时各省市也应制定出与省情、市情相适应的规划，这是首要的工作。

对于大运河杭州段的现状，考察团无疑是满意的，就像罗哲文所说：杭州高度重视，搜集、整理有关大运河的历史文献，编写出版运河丛书，还做了细致的调查研究，文物保护也很到位。历史的作用和当代的努力，一古一今意义巨大。大运河杭州段航运非常繁忙，这也证明杭州在历史上的地位独特，优势凸现。

郭旃说了他在杭州参观时观察到的一个细节，那就是杭州的垃圾箱无论从材质、颜色还是形状，都能够与杭州古城的氛围和谐一致，这一点非常难得，也是一个城市发展的潜力所在。在杭州，考察团看到了运河遗产保

大运河杭州段航线

护的一些成功做法：创新运作体制、多元筹措资金、修复人文生态等。当然，重经济效益、轻文化积淀等考察中发现的普遍问题，在杭州也同样存在。

在考察团接受记者采访时，谢辰生、谢凝高等表示，京杭大运河申遗成功的时间，取决于保护工作到位的进度。所以，大运河申遗工作还没有时间表。这个对时间进度的把控无疑是清醒的，就像"心急吃不了热豆腐"这句古老谚语中所透露出的智慧：需要水到渠成，需要做好准备……

但杭州民众的热情已被点燃，人们期待着运河能够申遗。我们可以从考察团在拱宸桥登岸时的景象作为观察的视角。

在5月的灿烂阳光下，拱宸桥上人山人海：白衣蓝裤的妇女腰鼓队、撑着遮阳伞的市民……人流沿着古桥往东西两端蔓延开去，像是运河之水漫上了岸。在两艘港监艇的开道下，满载着考察团成员的船队徐徐靠近了拱宸桥码头。一时间，拱宸桥畔沸腾了：一群穿红裙子的小学生挥舞着彩旗，欢迎之声此起彼伏。

这是一种对大运河前景的期许，也是对身边这条沧桑之河的认同。

被点燃的申遗激情

在这里，我们可以让时间跳跃一下，在此后的若干年里，因为大运河申遗牵动着无数人的心，它一直是大运河沿线城市的热点。

继2006年京杭大运河全程考察之后，2007年12月，全国政协组织委员和文物、历史、考古、水利等领域的专家学者近40人考察了隋唐大运河。主要是全面考察河南、安徽两省境内隋唐大运河的保护和考古发掘等情况，推动大运河保护与申遗工作更好地开展。

考察团的成员来自各行各业，但他们有一个共识：要坚持以人为本，将运河的保护与申遗同促进运河沿线人民物质文化生活水平的提高结合起来，让人民群众共享大运河保护、开发和利用的成果。坚持统筹兼顾，按照"保护为主、抢救第一、合理利用、加强管理"的原则，正确认识和妥善处理保护、开发、利用的关系，社会效益与经济效益的关系，物质文化遗产、非物质文化遗产同自然环境的关系；坚决克服重申报、轻保护，重开发、轻管理的倾向，防止建设性破坏，真正做到在抢救的基础上保护，在保护的基础上发展。要从推动社会主义文化大发展大繁荣的高度出发，大力弘扬运河文化，建设中华民族共有精神家园。

2008 年，全国政协"大运河保护与申遗"跟踪调研暨"西湖申遗"调研座谈会在杭召开

另一个更为重磅的消息是，国家文物局已将大运河列入《中国世界文化遗产预备名单》重设目录，并成立了大运河联合申遗办公室，各地区、各部门也开展了一些卓有成效的工作，大运河的保护与申遗正在积极稳步推进。

2008 年，新一届全国政协文史和学习委员会依然将"大运河保护与申遗"列为重点调研课题。当年 6 月下旬，由陈奎元副主席任总团长的考察团，对山东、江苏、浙江进行了分省跟踪调研。

6 月 22 日，考察团来到浙江，第一站绍兴。在参观考察了运河园中记录浙东运河开发、发展历史的浮雕，图文纪事碑，以及古桥、凉亭、牌坊、石柱、碑刻等遗存后，考察团普遍认为浙东运河将是为大运河申遗增光添彩的河段。

如果说，2006 年的运河考察点燃了人们对大运河申遗的激情，那么这激情一直在燃烧，甚至到了 2014 年申遗成功后，就像运河之水绵绵长流。

而在大运河杭州段，为申遗助力的活动更是层出不穷。

运河流经杭州中心城区之时，第一站就是拱墅，拱墅也因运河之水而兴，以运河文化为荣。在拱墅，可以眺望近代以来的工业遗址，品味醇厚的市井生活，消磨流淌的休闲光阴，领略运河畔的漕运文化、仓储文化、禅宗文化和民居文化。

在大运河申遗之初，小河直街和桥西历史文化街区以"杭州拱墅运河历史街区"的名义列入了预备名单。唐宋时期，小河直街一带还只是杭州城外一草市，到了清代，已发展成水陆码头，酒坊、酱园、铁铺、米店林立，十分繁华。

为了让运河的老故事家喻户晓，小河街道邀请辖区内的草根名人和研究运河文化的热心人士开设"运河故事会"，故事会上所讲的都是老百姓搜集的与运河、小河直街有关的民间故事。为呼应运河申遗，拱墅区在完善公共文化服务设施的同时，通过设立公共文化服务联盟、联姻、联群等"三联"模式，举办了大运河文化节等节庆节展，搭建民星大舞台，推出山水健身品牌，举办皋亭修禊雅集等一系列特色活动。

2013年的大运河文化节，以"喜迎国庆佳节、奏响运河华章"为主题，用一场高雅的广场音乐会拉开序幕。用音乐形象演绎大运河，就是向整个世界传扬千古华夏的过去和未来；用

2013 缘聚运河湖墅民俗婚典

交响艺术诠释大运河，就是要在弓弦之上再现中华民族的人文与精神。运河文化节期间，还有运河文化民俗婚典、运河学习节等八大主题活动和九大联动活动。"爱你一生幸福走运——2013 缘聚运河湖墅民俗婚典"中，在运河沿线的富义仓、香积寺、大兜路、拱宸桥畔，10 对新人喜结良缘，开启幸福一生，助力运河申遗……

这些点滴之水，当它们汇聚成河之时，一种持久的力量会流淌过我们，一直奔腾向远方。运河的传承和故事，正是以这样的方式能够持续和流传下去。

2.《杭州宣言》：一份留给时间的契约

京杭大运河是我国古代劳动人民创造的一项伟大工程，是祖先留给我们的珍贵物质和精神财富，是活着的、流动的重要人类遗产。大运河肇始于春秋时期，形成于隋代，发展于唐宋，最终在元代成为沟通海河、黄河、淮河、长江、钱塘江五大水系、纵贯南北的水上交通要道。在两千多年的历史进程中，大运河为我国经济发展、国家统一、社会进步和文化繁荣作出了重要贡献，至今仍在发挥着巨大作用。

京杭大运河显示了我国古代水利航运工程技术领先于世界的卓越成就，留下了丰富的历史文化遗存，孕育了一座座璀璨明珠般的名城古镇，积淀了深厚悠久的文化底蕴，凝聚了我国政治、经济、文化、社会诸多领域的信息。大运河与长城同是中华民族文化身份的象征。保护好京杭大运河，对于传承人类文明，促进社会和谐发展，具有极其重大的意义。

随着经济社会的发展，大运河的传统运输功能已经改变，河道、沿河风貌和人民生活都发生了很大变化，当前又面临着城市现代化、农村城镇化建设的严重挑战。如果再不加强保护，大运河的历史文化遗存、风光景物和自然生态环境就会不可避免地遭到破坏，真实性和完整性就会不复存在，这将是中华民族不可挽回的巨大损失。对大运河进行抢救性保护、实现可持续发展已经到了紧要关头。

在此，我们呼吁：

——唤起公众对大运河重要地位和多重价值的社会认知度，进一步增强各级政府的保护意识，总结和宣传各地在保护与发掘运河深厚历史文化内涵方面的经验，动员全社会力量参与大运河的保护与申遗工作，延续运河文脉，传承运河文明。

——从国家战略高度，建立统一协调机构，制定大运河保护的法律法规，统筹保护与发展规划，调动各方力量，实施有效保护，科学合理利用，造福子孙后代。

——按照《保护世界文化和自然遗产公约》的要求，重视并启动京杭大运河申遗工作，以创新的思路，正确处理自然遗产、文化遗产与非物质文化遗产的关系，正确处理保护、利用与发展的关系，切实把申遗的过程变成加强大运河保护与管理的过程。

——尽快成立由相关部委、有关专家、沿线城市参加并全力支持的研究机构，收集资料，摸清家底，以严肃的科学态度，开展调查研究。

——贯彻科学发展观，在大运河沿线经济社会发展规划与实施过程中，更加注重大运河的整体风貌，确保沿线文物得到有效保护，合理利用资源，维护生态环境，实现可持续发展，使古老的运河重新焕发青春与活力。

——《京杭大运河保护与申遗杭州宣言》

《杭州宣言》吹响集结号

2006 年 5 月 24 日，京杭大运河保护与申遗第一次研讨会在杭州召开，会上通过了《京杭大运河保护与申遗杭州宣言》(以下简称《杭州宣言》)。

这在当时引起很大轰动。回首这一宣言，字里行间依旧能感受到拳拳

2006 年京杭大运河保护与申遗第一次研讨会

之心和殷殷之望。

作为亲历者和见证者的宋传水说："就像目睹一颗种子如何在大自然的恩泽下最终长成参天大树。"他说的这颗种子就是《杭州宣言》。

《杭州宣言》的文字经过了周密的考量，是当年与会专家以及大运河沿线城市有关代表就大运河保护与申遗诸多领域的问题进行了深入研讨后的成果，并经过反复修改最后达成一致才正式发布。

《杭州宣言》是运河申遗过程中的一个符号，对大运河保护和申遗具有里程碑的意义。它的发布，意味着京杭大运河保护与申遗工作的全面启动，它不但向世人昭示了大运河历史文化内涵和现实价值，也极大地鼓舞了大运河沿线城市和地区对保护和利用大运河这一历史文化遗产的信心。

就在这次研讨会上，一幅"牵手南北沿线城市、传承运河千年文明"的《古韵今河》长卷格外引人注目，与会的运河沿岸 21 位市长纷纷拿起笔，在这幅用历代运河流域变迁串起沿线城市文脉、长约 20 米的长卷上签下了自己的名字。有几位市长说，4 年前，同一个季节、同样的盛会，他们汇聚拱墅，为运河的保护和建设这一共同的心愿，交流展示民间文化艺术，弘扬运河文化。这次再度相聚，为的是共同表达对运河申遗的美好愿望。运河是杭州的，也是沿岸其他城市的，它是中国的，也是世界的。促进运河文化的研究、保护、利用，联合起来申报世界文化遗产，以更好地保护和传承运河文明，是运河沿线 21 个城市的共同心愿。

敲定申遗时间

中国大运河究竟于何时申遗，人们心心念念。在 2007 年中国（无锡）

无锡论坛

吴文化节第四届中国文化遗产保护论坛（无锡论坛）上才有明确的说法。这次会议透露，备受关注的京杭大运河最早将于 2014 年申报世界"文化线路遗产"。

文化线路遗产是当时国际文化遗产保护领域提出的一个新概念，被认为是拓展文化遗产规模和复杂性趋势的发展成果，社会各界应用可持续发展的理念认真对待文化线路遗产保护。

当时世界遗产委员会在《操作指南》中指出，文化线路遗产代表了人们的迁徙和流动，代表了一定时间内国家和地区内部或国家和地区之间人们的交往，代表了多维度的商品、思想、知识和价值的互惠和持续不断的交流，并于 2003 年设立了文化线路遗产项目申报，对陆地道路、水道或者混合类型的通道等文化线路遗产进行保护，自此引发了世界各国的申报热潮。

在 2007 年之前，相继列入《世界文化线路遗产名录》的文化路线遗产有西班牙的桑地亚哥·德·卡姆波斯拉朝圣之路、法国的米迪运河、荷兰的阿姆斯特丹防御战线、奥地利的塞默林铁路、印度的大吉岭铁路、阿曼的乳香之路、日本的纪纪伊山脉圣地和朝圣之路、以色列的香料之路等，内容涵盖宗教、交通、商业路线等。

这些文化线路遗产的申报成功，给我国京杭大运河、丝绸之路、茶马古道、古代栈道以及横亘于云南和越南的滇越铁路等这些串联起不同国家、不同地区、不同民族间经济文化交流的大动脉申报"世遗"提供了可资借鉴的方向。

中国文化遗产研究院原院长张廷皓表示，大运河申遗不成问题，只是时间早晚问题。国家对此非常重视，还专门成立了省部级联席会议，不定期对运河申遗工作进行研讨。运河沿线的地级市都按统一标准做编制规划工作，随后再是省级和国家级进行审理，如果一切顺利的话，将于 2014 年正式提出申报。

至于为何还要等上 5 年时间，专家表示，大运河的保护和申报世界遗产，是一次科学严谨的文化实践。要充分考虑大运河的内涵和外延尚不完全清晰的现状，进一步深入开展资源调查，进行价值评估；充分考虑大运河长期受自然和人为破坏、保存现状不甚理想的现状，着力于保护大运河的真实性和完整性；充分考虑大运河多头并管、缺乏统一有效的协调管理机制的现状，进一步健全机制，加强管理；充分考虑大运河保护缺少相应的保护规划和专项管理法规的现状，做好大运河保护规划的编制工作，加强大运河保护的法律法规建设；充分考虑沿线城市缺少文化特色、呈现趋同化倾向的现状，根据各城市实际情况，恢复和保留原来的文化多元性；充分考虑大运河保护工作尚没有引起足够重视的现状，深入开展京杭大运河保护宣传教育工作，鼓励公众和社区参与大运河申遗。

日益壮大的申遗联盟

沿着时间追溯，我们可以厘清运河申遗过程中的一些关键时间节点。2006 年《杭州宣言》发布之前，大运河的保护管理工作缺乏统一有效的协调机制，在运河沿线，各省市基本上各自为政，各管一段，缺乏统一协调、统一规划、统一治理的机制，处于散乱状态，从而使大运河实际上成为各段各地的"小运河"。

这种状况既影响了大运河文化遗产保护工作，也不利于航运和地方建设的协调发展。在这种情况下，国家文物局决定在大运河沿线城市中选出一个城市牵头组织"大运河申遗办公室"，带动大运河沿线相关城市建立合作、协商和对话机制。

江苏扬州、无锡和山东济宁等城市，都希望成为大运河申遗的牵头城市，杭州原本也有这个资格和实力，但当时正在全力备战西湖申遗，所以也就没有参与到竞争中去。

2007年9月26日，首届中国扬州世界运河名城博览会暨运河名城市长论坛在扬州开幕。开幕式上，国家文物局领导宣布，扬州从国内数座运河城市中胜出，成为大运河保护与申报世界文化遗产牵头城市，大运河联合申报世界文化遗产办公室设在扬州。时任国家文物局局长单霁翔与江苏省有关领导共同为大运河联合申报世界文化遗产办公室揭牌。

大运河申遗正式进入了启动阶段。

扬州之所以能够牵头大运河申遗，既是因为扬州段运河的突出价值，同时也是因为扬州在运河保护工作方面付出的努力。

有文字记载的历史上最早的运河就是扬州段运河。可以说，扬州就是一座运河博览园，从时间线上去看，春秋时的古邗沟、汉代的运盐河、隋代的山阳河、唐代的伊娄河、宋代的官河、明代的里运河、清代的城区古运河等济济一堂，而在扬州的城市历史上，大运河的影响举足轻重，如汉代吴王刘濞"开山铸钱，煮海为盐"，成为最富的诸侯国，而唐代"扬一益二"地位的取得，清代扬州成为全球十座 50 万以上人口的城市之一……这些都依靠运河赋予的区位优势，正是水运带来的便利奠定了这座城市发展的基础。

2000 年以后，扬州加大了对运河的保护力度，对城区 30 公里的古运河沿线进行了环境整治，搬迁了几十座工厂，治理了水环境，使城区段运河成为美丽的风光带。扬州还出台政策，对运河沿线建设行为进行了严格控制，运河两岸 30 米范围内禁止新建任何建筑，在 30 米之外的 50 米作为建设控制地带，对建筑的体量、高度、形制都有要求，有力地保护了运河的视觉空间。对郊野地带的运河注意保护其堤岸的真实性完整性，使运河与周边环境相协调。

这种城市的自我保护意识和具体措施，在沿线城市中起到了一个标杆的作用。与通常申遗略显不同的是，大运河申遗采用城市联盟联合申遗的形式，申遗的主体就是大运河保护与申遗城市联盟。

2008 年 3 月，出席大运河保护与申遗工作会议的 33 座城市在扬州结成了大运河保护与申遗城市联盟，会上还通过了《大运河保护与申遗城市联盟章程》。大运河联合申遗办作为城市联盟的秘书处，具体负责联盟的事务。

加入联盟的 33 座城市为：北京市（通州区）；天津市；河北省（邯郸市、邢台市、廊坊市、沧州市、衡水市）；江苏省（无锡市、徐州市、常州市、苏州市、淮安市、扬州市、镇江市、宿迁市）；浙江省（杭州市、湖州市、嘉兴市）；安徽省（淮北市、宿州市）；山东省（枣庄市、济宁市、泰安市、德州市、聊城市）；河南省（郑州市、开封市、洛阳市、安阳市、鹤壁市、新乡市、焦作市、商丘市）。

到 2009 年，浙东运河列入中国大运河中参加申遗，绍兴和宁波也成为申遗联盟城市，城市联盟扩展到 35 个成员。

35 座城市虽然皆为大运河沿线城市，但由于所处的地理位置、自然环境、历史沿革等的不同，在当时所起到的作用也不一样。而杭州、通州和扬州，是中国大运河沿线最重要的三大城市。这"最重要"三字体现在何处？我们可以用一个很量化的标准：中国大运河首批申遗点段，包括分布在 8 个省、直辖市的 27 段河道和 58 处遗产点，而杭州段的首批申遗点段就有 11 个（包含 6 个遗产点、5 段河道）。在运河治理、运河历史遗迹和文化遗产的保护上，杭州为大运河沿线城市做出了很好的榜样：以保存运河古迹、极力保护运河沿线物质和非物质文化遗产为己任，还组成课题组，采用文献、文物、田野调查三重证据法对运河（杭州段）长 20 多公里、方圆数十平方公里的历史文化遗存进行拉网式普查。经过分类甄别、分析研究，形成了厚实详尽的《运河遗韵——运河（杭州段）历史文化遗存实录》。

2009 年设立的大运河保护和申遗省部际会商小组是大运河保护与申遗的最高协调机构。这个小组由文化部部长任组长，国家文物局局长任副组长，国务院各相关主管部门分管副部长、大运河沿线省（直辖市）人民政府的分管副省长（副市长）为成员。会商小组下设办公室作为办事机构，国家文物局局长兼任办公室主任，国务院各相关主管部门相关司长、省、直辖市文物局局长为联络员。大运河保护和申遗省部际会商小组的成员单位为：国家发展和改革委员会、财政部、国土资源部、环境保护部、住房和城乡建设部、交通运输部、水利部、文化部、国务院法制办公室、国家测绘局、国家文物局、国务院南水北调工程建设办公室、北京市人民政府、天津市人民政府、河北省人民政府、江苏省人民政府、浙江省人民政府、安徽省人民政府、山东省人民政府、河南省人民政府。

在之后的数年时间里，大运河保护和申遗省部际会商小组发挥了巨大的作用：研究协调解决大运河保护和申遗工作中的重大问题；研究制定促进大运河保护与申遗的制度、措施；分析大运河保护与申遗的形势，部署相关工作；审定大运河保护规划；监督、督促大运河保护和申遗工作的实施。

3. 冲刺：杭州准备好了

时间到了2013年，中国大运河申遗的工作都在有条不紊进行中，按照既定计划，2014年，中国大运河将正式接受世界遗产大会的审议表决。

全面展现中国大运河的"前世今生"

出生于杭州，曾经担纲西湖申遗文本编制的著名学者陈同滨，作为国家文物局大运河申遗国家专家组成员，全程参与了中国大运河申遗的研讨过程。在她看来"大运河"的产生，主要来自中华文明发展史中政治中心与经济中心的距离问题。她认为，中华文明发展史上有三个大的鼎盛发展期：秦汉时期、隋唐时期、元明清时期。

在三大鼎盛期中，秦汉的政治中心与经济中心是叠合的，政治中心长安与洛阳，位于这一时期的经济中心关中盆地和洛阳盆地，所以统治集团的政治中心与经济中心没有"距离"问题；但在隋唐时期和元明清时期，由于气候变化等原因，中国的经济中心移到江南地区，而政治中心依然保持在北方地区，这就形成了政治中心与经济中心分离的现象。于是，两者之间的距离问题就促成了国家工程"漕运"——解决政治中心的粮食来源，由此产

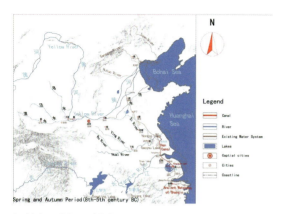

初创阶段（东汉时期）

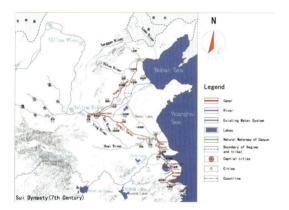

第一次大沟通（隋代时期）

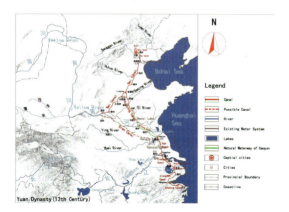

第二次大沟通（元代时期）
（图片来源：《中国大运河申遗文本》）

生了一系列制度与技术等历史文化产物。所以说，大运河的遗产核心价值是"漕运"，是为中华文明发展过程的政治中心提供经济支撑，由此而产生的各种水利制度与水工技术，包括相关的、跨区域的经济、文化、社会效益，都是伴生的产物。

无论是在隋唐运河还是京杭运河时期，"杭州段"意味着6—20世纪江南地区拥有"国家经济中心"的地位，并因此成为大运河遗产的基本构成要素之一。

2013年4月，杭州市运河综保委受国家文物局委托，拍摄了14分钟申遗宣传片。拍摄此片的正是当年拍摄西湖申遗宣传片的原班人马，他们先后到北京、天津、河北、山东、河南、安徽、江苏等省市的大运河申遗点段进行踩点取景，经过两个月的拍摄和制作，大片出炉。

宣传片分为"创造、见证、永恒的遗产"三个篇章，中英文两个版本，全面展现了中国大运河的历史面貌。

片中的杭州元素自然不能少，特别是拱宸桥，出镜率极高，开场就给了两个特写镜头。还以拱宸桥为例子，介绍了江南水网地区所特有的多孔拱桥技术，意在反映我国古代卓越的桥梁设计和施工技术水平。

2013 年 1 月底，当国家文物局向世界遗产中心上报《中国大运河申遗文本》时，该宣传片作为申遗文本的附件正式报送联合国教科文组织世界遗产中心。

《中国大运河申遗文本》总撰稿人张谨在 2017 年的一次访谈中说："如果大家了解了运河的'超级工程'，就会知道中华民族的自主创新能力非常强，我们需要宣扬这种价值，民族自信、文化自信正是从这里产生。"

在《中国大运河申遗文本》中，中国大运河（杭州段）的首批申遗点段包含 6 个遗产点、5 段河道，这些遗产点段都是百里挑一、极具代表性。要知道，大运河沿线人口占了全国的 15%，沿线城市创造的 GDP 占了全国的四分之一强，是标准的正在使用的线性活态的文化遗产。

申遗进入"倒计时"

经过几年的努力，为大运河申遗所制定的"还河于民、申报世遗、打造世界级旅游产品"三大目标逐步实现；阐述的"保护第一、生态优先、拓展旅游、以人为本、综合整治"五大理念日益深入人心；提出的"精心编制规划、创新运作体制、多元筹措资金、修复人文生态、改善自然生态、再现旅游景观、改善居住条件、完善交通网络、落实长效管理、深化运河

大运河保护和申遗工作会议

研究"十大举措基本得到了落实。

2011年4月，大运河沿线八省市齐聚牵头城市扬州，召开"大运河保护和申遗工作会议"。大运河申遗工作已经进入"倒计时"。

就在这一天，大运河申遗预备名单遴选工作正式启动。会上，中国文化遗产研究院工程师赵云介绍了大运河文化遗产保护管理总体规划。"大运河既是中华民族的文化象征之一，也是世界运河史上的里程碑，被国际工业遗产保护委员会在《国际运河古迹名录》中列为最具影响力的水道。"2010年由中国文化遗产研究院牵头，会同中国水利水电科学院、中国城市规划设计研究院等多家科研机构开展了《大运河遗产保护与管理总体规划》的编制工作，编制单位对2700多公里大运河沿线的遗产进行了全面调研、分析和评估，运河沿线各地市都公布实施了市级大运河遗产保护规划，为大运河遗产保护提供了重要的依据。

经过多个部门的专题研究，根据多个成员单位的意见和专家现场复核情况，对预备名单进行了必要的调整，遴选出了大运河遗产点预备名单。调整后的预备名单共包括 132 个运河遗产点和 43 段河段。其中遗产点有 65 个立即列入项目和 67 个后续列入项目；河段有 31 个立即列入项目和 12 个后续列入项目。

按照 2014 年申遗成功的总要求，我国要在 2012 年 9 月将申报文本提交联合国教科文组织预审，在 2013 年 8 月前完成全部申遗准备工作并接受国际专家现场评估考察。

也是在这次会议上，国家文物局正式启动了文本编制工作。申遗文本需要以详细、准确的基础信息资料作为支撑，从大运河遗产价值、特点、真实性、完整性，以及与其他同类型遗产对比分析等各方面进行阐述，是足以决定大运河申遗成败的关键性文件。

即使前期有了充分准备，后续工作还是在不断调整和优化。杭州市运河综合保护委员会在 2011 年 7 月 16 日递交给有关部门的报告《杭州市大运河申遗当前需要明确的几件事项》中提出的一些问题，以现在的眼光来看，颇具建设性：

1. 对照国家文物局公布的 7 个运河遗产点（段），结合杭州运河综合保护的实际情况，建议是否增减遗产点（段）：考虑到西兴过塘行目前尚未开始整治，建议取消，同时增加余杭塘栖三条半弄。

2. 鉴于杭州西湖申遗成功，为有力推进杭州运河申遗工作，建议由园文局主导和指导杭州大运河申遗的工作。具体遗产点的整治工作由运河综保委实施，专家评审、资料整理等专业性工作请园文局牵头负责，建议西湖申遗大量经验丰富工作人员介入运河申遗工作。

3. 请市有关领导牵头协调杭州市运河申遗工作。

4. 在明确遗产点之后，我委及相关城区管理部门将抓紧排定运河申遗工作三年行动计划。

5. 运河综保委一直围绕"还河与民、运河申遗、打造世界级旅游产品"三大目标开展运河综保工作，其中运河申遗为三大目标重中之重。十年以来，我委极力做好建设、保护、管理、经营、研究五篇文章，但就运河申遗的要求而言，有的整治过了头，有的整治还不到位。目前我委严格按照运河申遗的要求，对已整治和即将整治的遗产点进行全面的检查并整改，最终确保杭州大运河申遗一次通过。

负责大运河杭州段遗产点的是杭州市文物保护管理所。回顾当时的情形，时任文保所所长杜正贤说，任务很是艰巨，但好在杭州打的是有准备之仗。2007年，杭州市在省文物局的指导下率先启动大运河遗产资源普查专项调查工作，并结合正在进行的第三次全国不可移动文物普查，摸清了大运河沿线文物保存基本状况，为申遗工作奠定了良好的基础。

遗产点档案

在调查的基础上，工作组严格按照"真实性""完整性"的标准，向上级主管部门推荐遗产点，协助做好保护规划等编制工作。

2011年年底，杭州文保所接到任务，要在半年之内完成"凤山水城门""拱宸桥"等4处遗产点的申遗档案编制。业务骨干们放弃休息天，加班加点，最终按要求顺利完成。

谁知甫一完成，文保所又突然接到任务，要完成杭州塘、上塘河、桥西历史文化街区、西兴过塘行码头等其他7处遗产点的档案编制任务。这一次任务更重、时间更紧，加上河道与历史街区是线状分布，涉及地域广，牵涉部门多，档案资料分散，编制难度非常大。

那是一段艰苦又值得回味的岁月，经过大家的共同努力，到2013年6月底，档案编制任务按时完成，而且档案资料收集全面、制作规范，给出了一份高水平的大运河申遗"答卷"。

所有的材料准备就绪，申遗，一步步地，终于走到了见真章的时候。

临门一脚前的紧张

2013年5月16日，杭州市召开西湖申遗总结表彰暨运河申遗动员部署大会。时任浙江省委常委、杭州市委书记黄坤明强调，要进一步增强使命感，抓好运河沿线截污纳管和非重要点段的环境整治，同心协力落实好运河申遗迎检工作。要通过有力的活动和有效的载体深化运河申遗宣传，营造良好的工作氛围。由此，杭州开始向运河申遗发起了最后冲刺。

2013年9月16日至26日，既期待已久，又多少让人忐忑不安的时刻到来了。而在这之前的上半年里，大运河沿线各地完成了遗产点修缮和环境整治。7月，国家文物局组织了大运河沿线的模拟考察。7月15日，完成了大运河遗产监测预警平台和档案系统建设。

当时那种复杂的心情，时任杭州市大运河申遗办主任王水法记得，副主任李包相记得，后来任杭州市运河集团党委书记、董事长的高小辉也记得，甚至在很多年后，当他们回忆当年之事时，仿佛仍历历在目。

时任杭州市园林文物局文物处处长的卓军也参与了大运河申遗，他的电脑里还保留着一份当时基于西湖申遗的经验所起草的注意事项建议稿，这里摘录其中的一部分：

大运河杭州段申遗迎检工作注意事项

一、时间：8月前后，人员、人数、时间现不明确。

二、现场考察评估的内容和要求。要点：真实性、完整性、可持续的管理、监测机制、法规、规划、防灾、展示（传达遗产价值）、管理区划等。

三、抓紧完善基础工作：本体保护、环境整治、遗产展示、档案监测体系、标识系统，量力而行，避免过度干预，保持自然形成的风貌和景观，修缮痕迹不要太重。

四、利益相关者的充分协调。组织座谈会，人员的广泛性选择及沿途不露痕迹地安排我方人员。定好就不能缺席。参加人员组成：水利、交通（港航）、城建、环保、园林、文物、运河管理机构、沿岸社区、居民、单位代表、运输经营者等。

五、讲解要领：

1. 专业为主、接待为副。目的就是让专家对你的有效保护和未来规划有信心。

2. 讲解人员构成：一名翻译、一名讲解员（含全程途中、遗产点、展馆、档案监测）、一至二名当地管理机构代表。遗产点上根据情况配备保护工程设计人员、考古人员、相关专家和专业工作人员等。

3. 热情大方但不要滔滔不绝，显示出很有信心，对遗产很有感情。无关的事少说或不说，不能节外生枝，对有争议问题（如商业开发旅游等）不主动提，但专家如提问一定要如实回答，不要撒谎。遗产点的讲解一定是为整条大运河的价值和保护作支撑作用，而不是你的精彩发挥和演绎。

4. 根据专家的专业背景和兴趣，梳理出所有专家可能会提的问题，备好答案。问题会集中在保护管理方面，重点是遗产可能面临的压力（商业开发和旅游是重点）和解决的措施，一定要提供可以实证的材料，如相关研究和规划。要研究专家想了解什么，而不是去灌输什么。

5. 重视研究工作。充分了解每个遗产点的价值、特点、历史沿革、保护管理状况、相关知识点等。绝不能信口开河，不能让专家产生质疑，一切以文本为准，每一项内容都要经得起推敲，不能无事生非。经得起问，说得清细节，遗产点的每个构件的时代用途、材料都讲得清楚，保护管理的任何细节情况都要了解，如保护设备的相关参数、保护经费和专业人员配备情况、遗产区和缓冲区的生产建设如何控制、日常保养维护手段、水利设施的功能和特点、古代运河的施工方法及测量方法、水质参数及如何维护、输水量和配水、流向、管理机构及其运作和协调、相关规章制度、相关工程审批程序、维修方法等等。对沿途看到的任何东西都能说得清楚来历和用途（如为什么河道没连起来）。

6. 讲解词一定要简明扼要，并且有针对性。一定要了解申遗文本，与之说法一致。遗产点段之间一定要互相铺垫和支撑，千万不能互相矛盾和贬低。重点介绍各个段点对整个运河遗产的支撑作用。

......

从这个方案中我们可以看出当时的紧张气氛，临门一脚之前的战战兢兢和如履薄冰，每一个细节都不能马虎，这是当时普遍的共识。

其时，联合国教科文组织世界遗产委员会的咨询机构 ICOMOS（国际古迹遗址理事会），委派了两名世界遗产专家分为 A 组和 B 组，对中国大运河世界文化遗产申报项目的 31 个遗产区进行了现场考察评估。A 组国际专家是印度籍考古学家、作家及历史学家 Mrs. Rima Hooja（莉玛·胡贾女士），她是印度国家历史文物局成员、国际古迹遗址理事会印度临时执委会副主席；B 组国际专家是韩国籍环境学博士 Mr. Dong-Jin Kang（姜东辰先生），他是韩国釜山庆星大学城市设计系教授。

9 月 16 日，两位国际专家抵达中国。17 日上午，两位专家赴中国文化遗产研究院考察了大运河监测和档案系统国家总平台，参加了大运河遗产保护管理座谈会，听取了大运河遗产价值和保护管理总汇报，与有关部委代表进行了座谈。17 日下午至 25 日，是 A、B 两组分组考察的时间。

A 组的莉玛·胡贾考察通惠河北京旧城段、通惠河通州段、北南运河天津三岔口段、南运河沧州—衡水—德州段、会通河临清段（含临清运河钞关）、会通河阳谷段（含阿城下闸、阿城上闸、荆门下闸、荆门上闸）、戴村坝、南旺枢纽、会通河微山段、中河台儿庄段、中河宿迁段（含龙王庙行宫）、宁波三江口、浙东运河宁波段、上虞—余姚段、杭州萧山—绍兴段，江南运河嘉兴段、南浔段、杭州段（含杭州富义仓、拱宸桥、桥西历史文化街区）等遗产区。

B组的姜东辰考察黎阳仓遗址，卫河（永济渠）浚县段、滑县段，通济渠郑州段，含嘉仓160号仓窖遗址，回洛仓遗址，通济渠商丘南关段、夏邑段，淮北隋唐大运河博物馆和柳孜运河遗址，通济渠泗县段，淮安总督漕运公署遗址，清口枢纽，淮扬运河扬州段，大运河扬州段遗产监测预警和档案中心，江南运河常州城区段、无锡城区段（含清名桥历史文化街区），平江历史文化街区，江南运河苏州段等。

中国大运河（杭州段）迎接的考官是印度女专家莉玛·胡贾。

当时采访莉玛·胡贾的记者陈奕用文字给莉玛女士作了"速写"："朴素、亲和，是我对莉玛女士的印象。前天她着裤装，穿一双轻便的球鞋，准备好了走长路考察的准备。虽然莉玛女士最后没有对运河杭州段发表总的评价，但我个人感觉，应该印象不错。"

在抵达中国大运河杭州段之前，莉玛·胡贾的考察行程已涉及北京、天津、河北、山东和浙江的其他地区。一路过来，莉玛·胡贾对大运河已经非常了解，当时陪同莉玛·胡贾的翻译燕海鸣后来撰文回忆，"'Living heritage'（活态遗产）是胡贾一路上说得最多的词之一。她在国家文物局领导面前这样说，在与有关专家沟通时这样说，在运河边对围观的老百姓也这样说……"

莉玛·胡贾认为，运河的感觉就是"生活！"大运河是有生命的，它的生命与沿河民众生活紧密交织，彼此相依，生生不息；保护大运河历史文化遗产，不能照本宣科，不能刻舟求剑，应倾听各方面的不同意见，尊重众多运河利益相关者的合理诉求。

根据国际组织要求，申遗迎检有一系列的基础工作和"规定动作"，而此时在杭州，该做的工作已经做好。大运河（杭州段）遗产区内界桩、标识标牌安装就位，大运河杭州段遗产监测中心正式启用，沿线遗产点段的 4 个展示馆已全面开放。

杭州大运河监测中心，位于拱宸桥西中国扇博物馆三楼，中心拥有两大系统：一是大运河（杭州段）遗产监测预警通用平台系统，二是接入运河段所有遗产点的视频监控系统。当运河的水位超出了预警值，预警信息会第一时间发布在预警平台，标注为红色，并第一时间通知相关部门进行开闸放水等处理，处理完毕之后，再将预警信息标注为绿色。

中国大运河遗产界桩与遗产标识建设，是大运河申报世界遗产的一项基础工作，也是运河申遗迎检的"规定动作"。运河遗产界桩系统按照"点点成线"的原则，依循运河遗产区和缓冲区的界线走向而设立。界桩起的

标准型界桩

小型界桩

中国大运河（浙江段）遗产标识横式碑

作用其实相当于明确运河遗产的管理范围。也就是说，看见界桩就表明你已经离大运河很近了。

界桩有标准型界桩、小型界桩两种型号。标准界桩采用花岗岩石材，有深色、浅色之分。界桩顶部标有中英文"中国大运河""THE GRAND CANAL"字样，斜边下部为大运河遗产标志位置，每个界桩顶部还刻有编号。小型界桩采用不锈钢制作，主要设置在不便埋设标准界桩的位置（如界线经过广场、主干道等硬质铺装的地方）。

在对大运河申遗范围界线测绘的前提下，遗产区界桩原则上按照每1000米至2000米遗产区边界设置1处。杭州境内的杭州塘、上塘河、中河、浙东运河等申遗河段遗产都需要进行界线的测绘与界桩的埋设，界线测绘河段总长 103.5 公里，两岸遗产区、缓冲区界线总计 432.5 公里，共设置标准型遗产区界桩 154 个，标准型缓冲区界桩 86 个，小型遗产区界点 126 个，缓冲区界点 62 个。

运河遗产标识系统由引导标识系统（主要指位于码头、道路交叉口、两岸游步道边的指引牌）、解说系统（主要指运河遗产点、遗产河段的介绍牌）和安全警示系统（主要指位于遗产区内的关于人身安全、文物管理等警示牌）等三个子系统构成。整套系统有效地引导与解读了大运河杭州段的历史格局、重要河道、水利水工设施、运河市镇、建（构）筑物、遗址点、史迹点、生态环境、非物质文化遗产等。

而作为运河遗产标识系统的重要展示部分，杭州在桥西历史街区货运码头广场设立了一块中国大运河遗产标识横式碑。中国大运河的遗产标识以大运河浙江段的主河道和发达的水网体系为主要设计元素，以中国传统篆刻艺术为表现手法，将运河水、篆书"浙"、鱼米之乡、漕运起点和人文精神等元素有机结合起来，寓意大运河之水奔腾不息、文化源远流长。

除此之外，广济桥、拱宸桥、富义仓、西兴过塘行、凤山水城门等五个遗产点段也各设立了一块遗产标识竖式碑。这些标识碑是杭州大运河遗产景观的重要组成部分，为了与周边历史环境相协调，尽量保留了石材的自然形态。

女考官来了

西兴过塘行码头、拱宸桥、桥西历史街区、富义仓、广济桥等遗产点及各遗产展示馆、遗产监测中心……

9月23日到9月25日，莉玛·胡贾的行程排得满满的。在杭州，除了陪同她考察的时任国家文物局文物保护与考古司副司长陆琼、浙江省文物局副局长吴自强以及运河研究专家、浙江省古建筑设计研究院副院长张书恒之外，还有杭州市大运河保护和申遗办公室、运河综保委负责人等。

在运河博物馆，原计划30分钟的参观时间，但莉玛·胡贾超时了，她兴致盎然地看了40分钟，其间数次对运河杭州段的全方位展陈方式表示赞赏。

在申遗展厅的尽头，有一根蓝色的心愿柱，上面贴了杭州市民对运河申遗的祝愿：

"智慧的传承让古老的运河年年常青。""运河水系犹如丝丝血脉，滋润着杭州这座城市，成就了自己繁华的千古绝唱。"……或许是被杭州市民的热心感动，当馆方提出能否请莉玛也写一句祝福语时，她欣然应允。

她用英语、印度语，分别写下一句祝福语——"衷心祝福大运河"，并

莉玛·胡贾考察运河博物馆

高兴地贴到心愿柱上。最后离开时，看到门口有块电子签名屏，她毫不犹豫地签下了大名，并饶有兴致地学着用中国书法写下了"旷世长廊"四个大字。

从桥西历史文化街区的码头坐船，船行 10 多分钟，就到了富义仓。

作为著名的世遗专家，莉玛很关心运河的保护规划。在船上时，她就此询问了陪同人员。陪同人员告诉她："运河历史上就融入城市，和杭州人民的生活生产紧密联系在一起。我们把运河的生态、历史作为保护第一要素，要把运河打造成一条生态走廊、文化走廊、休闲休憩长廊。运河和西湖不一样，运河是线型的，所以要着重做好对运河河道、驳坎、生态等的保护……"

杭州市规划局的工作人员，也就运河两岸的建筑限高问题和莉玛做了交流。因为世界遗产中有个"缓冲区"的概念，类似文物保护单位的"建设控制地带"，目的是保证遗产周边环境与遗产保护区相协调。

莉玛·胡贾是缓冲区理念的忠实追随者，她考察路上最挑剔的，也是对大运河缓冲区的划定。她认为："保护大运河就是保护一个大型的遗产体系，仅把缓冲区划到河堤外几米远远不够；若运河的社区生活是其价值的重要组成部分，那么在划定缓冲区时，必须体现这些要素，应把缓冲区划宽。"

这些都需要细致的解释。就像在富义仓，陪同人员指着边上的高楼和莉玛说，我们申遗就是为了以后不出现这种不协调的场景。

莉玛·胡贾认同了这种说法，当时的富义仓已成了一个休闲、创意产业集聚的地方，有咖啡馆、茶吧等。莉玛对老建筑的保护及再次利用很赞赏，富义仓的卸货码头、仓壁砖墙，她都看得很仔细，还细细了解当年是怎么存储粮食的？怎么修的？又如何管理的？一一得到解答后，不住地微笑点头，还主动介绍印度的做法。她甚至还留意到了码头砖缝里钻出的小草，担心会毁坏文物。

离开富义仓时，一块尺寸不大的夯土墙引起了莉玛女士的注意，她问：为什么这块不粉刷？"

陪同的专家解释说，这是特意留了一小块夯土墙，以展示墙体内部构造，让研究者和参观者实地察看了解夯土墙的材料与做法。

在杭州的这几天，莉玛·胡贾一定感受到了 800 万杭州市民为保护大运河和申遗所做的付出，感受到了杭州市民炙热的心，这是一种对家园的爱和期待。其实，在她来考察前的若干年里，杭州市民为了大运河申遗，就做出了自己的努力：

2006 年 7 月，市民拿出 2 亿私房钱参与大运河建设：2 亿元用于大运河建设的信托投资，不到半个月就被 180 余位市民认购一空，平均每位投资 110 万元。让信托募集者感到意外的是，本次信托计划的投资者都是本地居民。运河项目的信托计划预期收益并不算高，但是意外受到市民热烈追捧。一位个人投资者道出其中缘由，除了运河杭州段综合整治和保护是杭州市"十大工程"之一，市委、市政府非常重视，借款方与担保方都是实力雄厚的大型国企外，还有一个很重要的原因是出于对家乡的热爱和保护古老运河的责任。"我们有信心拿出'私房钱'参与运河整治与保护。"他说。

2009 年 10 月，西湖博览会烟花大会在运河、西湖畔举行：当年第十一届中国杭州西湖博览会的重点节目烟花大会，西湖与京杭大运河（杭州段）互动燃放，形成"一湖一河"交相辉映的胜景。除了专业公司，杭州市民也参与其中，亲手点燃绚丽的烟花。这是烟花大会首次在运河边绽放。除了在运河杭一棉开发地块有专业燃放外，轻纺桥、拱宸桥也有瀑布冷烟花施放，在这两座桥中间段水面还有水上芭蕾等水面烟花。

2010 年 4 月，杭州运河"大兜老街"征名，引来全国总动员：杭州市

烟花在运河畔绽放

运河综保委"大兜路历史文化街区"新规划品牌名和宣传语自 2010 年 4 月 15 日开始征集，吸引了全国各地市民参与。"悟味坊""大兜·里香""大兜·禅颐"……"品质生活新天堂""听运河涛声，享禅宗净香""十里银湖墅，千年第一街"……参与者达上千人，应征品牌名数千个，应征宣传语上千条。

2011 年 6 月，杭州市民沿京杭大运河徒步健身：6 月 5 日，杭州约一万名市民参加了"无极限 2011 世界行走日"大型体育健身活动，共同体验健康生活方式，倡导低碳环保出行，以这样的实际行动，支持大运河申遗。

2013 年 6 月，杭州市民评选出运河十景：杭州日报"我家门前有条河"运河美景海选征集令发出之后，立即得到杭州市民热烈回应。为了支持大运河申遗，本次活动，上万名杭州市民参与。最终评选出的十景分别是：拱宸邀月、三堡会澜；桥西人家、凤山烟雨；香积梵音、龙山塔影；富义留馀、西陵怀古；广济通衢、武林问渡。对应地点为拱宸桥、三堡船闸、桥西历史街区、凤山水城门遗址、香积寺、白塔（龙山闸）、富义仓、西兴过塘行码头、广济桥、武林门码头。

......

9月25日晚，时任国家文物局副局长童明康代表国际古迹遗址理事会中国会见了莉玛·胡贾和姜东辰两位专家。26日上午，两位国际专家交流考察情况。下午，国际专家离境。

此前，国际古迹遗址理事会两位专家分别于23日下午和25日下午，在扬州和杭州召开了利益相关者座谈会，听取了扬州市和杭州市大运河遗产保护管理汇报，并与各方利益相关者座谈。

我家门前有条河

在考察运河过程中，中国大运河给专家们留下了深刻的印象，专家们认同大运河是人类历史的一项杰作。对大运河杭州段，莉玛·胡贾说，杭州大运河管理十分到位，这不仅是杭州的荣耀，也折射出其他大运河沿线城市的管理水平，是大运河所有沿线城市共同努力的结果。她说，此次杭州之行看到了杭州大运河的独特美景，杭州大运河活态遗产的保护与整个区域之间紧密结合，市民共享的举措让人震撼。通过此次考察，发现中国为大运河保护做出了许多努力和贡献。

莉玛·胡贾对杭州市的相关工作给予高度评价。她说，此次在杭考察期间的所见所闻，令人深受感动，杭州对运河历史文化的保护和传承深入而细致，希望中国和印度两国能够互相学习和探讨，进一步为世界遗产保护工作做出努力。

在座谈会上，说到动情处，莉玛·胡贾数度哽噎，因为她想到了恒河，想到了自己的国家。

一个场景一直萦绕在陪同人员的脑中：莉玛·胡贾考察时，恰好有一群孩子来手工艺活态馆参观学习，叽叽喳喳，热闹非凡。她也变得像个孩子一样，到这里看看，往那里瞅瞅，还时不时地学着上手练习工艺品制作方法。当天下午，有关方面召开了一次"杭州市大运河利益相关者大会"。在会上，一位当地小学的校长说，他的学校就在运河旁，每年都会组织孩子们沿运河向北徒步远行，去考察和领略运河的风景与人文；学校还专门印了大运河教材，从一年级到六年级的学生人手一册。

莉玛·胡贾听了翻译后，感动得流下了泪水。她说："我看到了运河生生不息的力量，这是传承的力量。"

是的，这是传承的力量，也是运河申遗的目的。而答案将在2014年的夏天，在卡塔尔首都多哈举行的第 38 届世界遗产大会上揭晓。

4. 花开多哈：流动的盛宴

参加第 38 届世界遗产大会的杭州市代表团：

欣闻中国大运河申报世界文化遗产今日在卡塔尔首都多哈获联合国教科文组织第 38 届世界遗产大会审议通过，谨向代表团全体同志致以热烈的祝贺！

中国大运河列入《世界遗产名录》，意味着大运河的突出普遍价值、真实性、完整性和我国政府为保护大运河遗产所付出的努力，得到了国际社会的认可。杭州是京杭大运河的最南端和浙东运河的起点。大运河申遗成功，必将极大地提升杭州城市的知名度、美誉度和影响力，对我们推动杭州高起点上的新发展，建设东方品质之城、幸福和谐杭州产生重大而深远的影响。

在党中央、国务院和省委、省政府的正确领导下，市委、市政府一直将保护大运河作为重要使命，多年来在大运河保护和申遗方面作出了不懈努力。我们要以此次成功申遗为契机，严格按照世界遗产保护的要求，进一步做好大运河杭州段的保护、管理和建设工作，努力把这份厚重的文化遗产、人类的共同财富保护得更好。

中共杭州市委

杭州市人民政府

2014 年 6 月 22 日

好事更多磨

北京时间 2014 年 6 月 22 日 15 时 19 分，第 38 届世界遗产委员会大会主席玛雅萨公主为大运河敲下了手中的小槌。

市委、市政府的贺信，也第一时间送达杭州市代表团。这一刻，无论在不在现场，大家的心情都是一样的。杭州和中国大运河沿线的城市，都等待着这一刻。

大运河申遗成功，为杭州这座历史文化名城又增添了一份厚重，提升了杭州的国际知名度、美誉度和影响力，提高了城市软实力和竞争力。这不仅给运河的保护、管理、研究提供了可持续发展的动力，而且对周围环境的改善，整座城市社会、经济、生态效益的提升等都产生积极的影响。

世界遗产委员会认为，大运河是世界上最长、最古老的人工水道，也是工业革命前规模最大、范围最广的土木工程项目，它促进了中国南北物资

玛雅萨公主敲槌

的交流和领土的统一管辖，反映出中国人民高超的智慧、决心和勇气，以及东方文明在水利技术和管理能力方面的杰出成就。

世界文化与自然遗产是指联合国教科文组织和世界遗产委员会确认、人类罕见、目前无法替代的财富，是全人类公认的具有突出意义和普遍价值的文物古迹及自然景观。而列入世界文化遗产的评选标准共有六条，这"六条标准"可归纳为创造价值、交流价值、见证价值、典范价值、环境价值和关联价值，唯有符合其中的至少一项（关联价值不得单独使用），才可以申报世界文化遗产。在中国递交的申遗文本所阐述的理由中，除关联价值外，世界遗产委员会认为中国大运河符合了其中三条标准：

1. 创造性的天才杰作。中国大运河以其世所罕见的时间与空间尺度，证明了人类的智慧、决心与勇气，是在农业文明技术体系之下难以想象的人类非凡创造力的杰出例证。（符合标准Ⅰ）；

2. 漕运文化的独特见证。中国大运河见证了中国历史上已消逝的一个特殊的制度体系和文化传统——漕运的形成、发展、衰落的过程以及由此产生的深远影响。（符合标准Ⅲ）；

3. 一个历史时期的典范。中国大运河是世界上延续使用时间最久、空间跨度最大的运河，被《国际运河古迹名录》列入作为世界上"具有重大科技价值的运河"，是世界运河工程史上的里程碑。（符合标准Ⅳ）。

——列入大运河遗产标准的还有一条关联价值：中国大运河是中国自古以来的大一统思想与观念的印证，并作为庞大农业帝国的生命线，对国家大一统局面的形成和巩固起到了重要的作用。中国大运河通过对沿线风俗传统、生活方式的塑造，与运河沿线广大地区的人民产生了深刻的情感关联，成为沿线人们共同认可的"母亲河"。

仿佛是水到渠成，仿佛是从平静的水域抵达了目标。但水面之下，其实有着种种暗礁和潜流。很多国家都在努力争取世界文化遗产这块金字招牌，中国大运河能否突出重围并非十拿九稳。

让我们把时间推回到 2014 年 6 月，把视线重新投向当时的多哈。

中国大运河沿线多个城市的申遗代表团从不同的地方齐聚多哈，内心的希冀是火热的，但多多少少有些忐忑。文本第一次递交时需要再补充材料，这一度让大家很紧张。还好，在各方的努力之下，补充材料很完善。或许是这次补充，给众人的激情加上了一点理性：申遗并非一帆风顺，在过程中或许会有意外。

当时的煎熬如今已经很难去描述了。按照多哈大会原定的程序，世界遗产委员会将讨论 36 项申请列入教科文组织世界遗产名单的项目，并审议共计 981 处遗产中的 100 多处遗产的保护状况。大会对遗产的审议排位，是按照字母来的，中国大运河遗产申遗排在第八位待审。

卡塔尔与北京时差 5 小时，在北京时间 6 月 20 日晚上 11 点 55 分，申遗现场传来消息，世界遗产委员会正在审议第四个项目，大运河排在第八，当天来不及审议了！

这种推迟会让人有种不上不下的感觉，而 5 分钟后，有了更确切的消息：大运河被安排在 6 月 21 日上午，也就是北京时间 21 日下午，第五个送审。

到了 21 日，意外的状况又发生了：排序临时有所调整，其他项目被提前审议。在大家翘首以盼中，大运河迟迟未能登场。

被推迟 1 天审议，这是 21 日最后的消息。

这个推迟，坊间有很多种说法，但推迟造成的一个客观事实是，当时很多赴多哈的代表团成员的回国机票只能改签。时任大运河联合申遗办副主任姜师立后来接受采访时说："多哈当地时间 20 日下午 4 点，第 38 届世界遗产大会进入项目审议时间。前两天，一直没轮到中国的大运河项目，其间还经历日本、荷兰等多个国家的项目加塞，本来我们都买好 21 日晚上回国的机票了，但下午中国代表团申诉无果后，只好改签机票，向领导请示，延长在国外逗留的时间得到批准。"

因为"加塞"而推迟属于正常的议程调整，3 年前，西湖也曾经因为部分工作人员的时间问题，通过正常程序申请提前审议，并得到了大会委员会的批准。

多哈大会审议的 36 个遗产项目中，其中文化项目 26 个，自然项目 8 个，文化自然混合遗产项目 2 个。这么多的项目，牵涉到方方面面的人和事，这个理由的提出完全成立，但西湖提前审议着急的是别人，而此刻轮到自己，却又是另一番感受了。现场大家都很焦急，也和主席团进行过沟通，因为大家都知道中国有句古话，叫夜长梦多。

又是一天焦灼的等待，北京时间 22 日 14 点 30 分，也就是多哈当地时间 22 日上午 9 点 30 分，终于开始审议中国大运河项目。

国际古迹遗址理事会专家米歇尔负责介绍大运河项目，国际古迹遗址理事会给出的意见是补充材料、明年再报。这个开场使得申遗代表团成员的心又悬了起来：难道要明年重新来过吗？在米歇尔介绍时，大运河项目的 PPT 图片却征服了现场，做得实在太漂亮了。当时，不知道什么原因，现场的网络都断了，也许是中国人都涌上去观看造成的网络堵塞，国人都在关注运河申遗的命运。

值得一说的细节是，介绍时间一般为 5 分钟到 10 分钟不等。主席台正上方挂着倒计时牌，提醒每位发言人注意发言时间。当时的大屏幕上，运河的古桥、堤坝、沿岸民居的图片配合陈述被缓缓展示在众人眼前，大运河的展示时间是：19分12秒。这个时间创下了那届大会开幕以来，陈述用时最长的纪录。甚至在陈述结束时，米歇尔还意犹未尽，表示自己发言之前，发言稿一改再改，再慎重都觉得不够。

米歇尔介绍完之后，中国大运河申遗的助攻来了。

牙买加代表第一个发言，他帮中国说话了，认为国际古迹遗址理事会提的意见，可以在成为世界遗产后再进行完善。印度的代表也发言支持大运河列入世界遗产："我被大运河深深震撼了，我支持它入选。"哈萨克斯坦代表发言，建议列入，他说："这是我见过的最长、最古老的人工水路，我理解专家觉得陈述准备时间不够的心情。"

在这三个国家代表发言表示大运河可立即列入后，马来西亚、葡萄牙代表都发言支持列入。葡萄牙代表说得很直接："请组委会直接入选它吧。"马来西亚代表投下赞成票时说："期待接下来能了解到这次申请范围之外

米歇尔负责介绍大运河项目

的运河。"

随后，黎巴嫩提出需增加标准。

但之后的土耳其、阿尔及利亚、塞内加尔、塞尔维亚、德国等国家都支持列入，有国家提出缓冲带问题可以以后解决，建议现在列入。

在各国代表发言后，国际古迹遗址理事会代表发言，说运河体量大，牵涉遗产较多，建议给大运河更多的时间。

中国代表团力争翻盘列入第一类，即成为立即列入的项目。中国代表陈述了对提出意见的回复，而各成员国代表一致赞同将其列入世界遗产名录。

"如果没有异议，那就，恭喜中国。"玛雅萨公主敲下了手中的小木槌，现场响起一片热烈的掌声，许多国家的代表站起来与中国代表握手恭喜。这一刻，世界的目光都注视着中国大运河。这一刻，是北京时间 15 点 19 分。中国大运河整个申遗过程持续了 50 分钟。

中国代表团团长童明康致词说："大运河申遗是史无前例的遗产保护过程。大运河的申遗使世界遗产的保护理念在中国大运河沿线 8 个省（市）、1.7 亿民众中得到广泛传播并深入人心。"

八年磨砺，中国大运河终于得到世界的肯定，这种喜悦的心情难以言表。多等了一天，带来的喜悦也是加倍的，这种幸福感，让人倍加珍惜。

回首申遗路，也是可圈可点：

2006 年 12 月，大运河被列入国家文物局公布的《中国世界文化遗产预备名录》，大运河申报世界文化遗产工作正式启动。

2007 年 9 月，"大运河联合申报世界文化遗产办公室"在扬州挂牌成立。

2009 年 4 月，由国务院总牵头，8 个省市和 13 个部委联合组成大运河保护和申遗省部际会商小组，正式建立省部协商机制，大运河申遗上升为国家行动。

2012年6月，完成申报遗产点段的"四有"基础工作，即有保护标志，有保护区划，有保护管理机构，有遗产档案资料。

2013年初，国家文物局正式确定了首批申遗点段，它们分布在8个省市的31个遗产区，涉及27段河道和58处遗产点，河道总长1011公里。正式申报文本送达世界遗产中心。

2013年7月—8月，迎接国际古迹遗址理事会专家现场考察、评估。

2014年6月22日，在卡塔尔首都多哈召开的第38届世界遗产大会上，审议并通过中国提交的"大运河"申遗申请。

沧桑之河的新生

中国代表团终于可以开始庆祝了。

从2006年算起，中国大运河申遗经历了八年长跑，而在这长跑中，杭州贡献了至关重要的一笔：对运河的综合保护走在全国前列，不仅理念创新，还率先启动杭州段大运河立法。而杭州段保留原来的航运、水利等功能，广济桥、拱宸桥作为古老多孔桥梁在运河申遗的众多城市中具有典型性。

参与《中国大运河申遗文本》撰稿的王喆说："对ICOMOS的遗产专家来说，杭州段运河就像一具活着的木乃伊，这足以令专家惊叹和激动。"在他看来，活着的历史，就是价值。那些至今萦绕在杭州段运河边的市井烟火气，非但不是缺陷，反而是一种稀缺的财富，因为它让历史变成了一个动词，融入了杭州人民的美好生活之中。

中国大运河拥有无与伦比的时间与空间尺度，拥有无数的码头、船闸、桥梁、堤坝，漫长河道边的衙署、官仓、会馆，而这条由物质与非物质文化共同构成的雄浑大河，时至今日仍在使用。

中国大运河，继法国米迪运河、加拿大里多运河、荷兰阿姆斯特丹运河、比利时的中央运河、阿曼的阿夫拉贾灌溉体系、英国的旁特斯沃泰水道桥

运河夜景

与运河、伊朗的舒希达历史水利系统后，成为第八条申遗成功的人工河。

但以漕运为标志的中国大运河，在世界上独一无二。

"一条运河千里长，运河两岸是故乡。杨柳桥头依古塔，千村万落耕织忙……一条运河千年久，涛声桨影岁月流。几多英雄从此出，青山夕照水悠悠……"一曲《运河谣》吟唱出大运河作为历经千年的流动遗产的无穷魅力。

这条饱经风霜的沧桑之河，在农耕文明时代编织出了运河南端的繁华市井，沿河的米市巷、卖鱼桥、富义仓，展现了一幅繁华的"运河上河图"；工业文明时代，一条先进的"工业长廊"在此展现，沿河工厂林立、奔竞不息；进入生态文明的当代，人与自然和谐相处，依水而居成为品质生活的符号。

申遗后的大运河如何更好地发展，成为社会各界最为关注的话题。几乎所有参与中国大运河申遗的专家和官员都有一个共识，申遗成功不是最终目的，是一个新的起点。在后申遗时代，肯定会进一步加强对中国大运河的保护和管理，会调动各个部门的力量来管理相关项目的建设，从而带动文化遗产保护、运河生态建设、旅游开发等。申遗成功唤起的是对大运河的重新审视与思考，无论如何，一座生机盎然的新花园已经向我们敞开。

申遗之光：
一河兴万家

第五章

1. 新的起点，新的开始

江南名郡，借河而扬。

中国大运河申遗成功，会改变什么？也许，河还是那条河；也许，河已经不再是那条河了。

2014 年运河集团公布的一些数据可以成为佐证：当年度，工美馆推出各类展览 27 场，全年接待游客 234.11 万人次，满意率 98.8%。水上巴士公司组织开展"新春闹运河"等主题活动，推出中国大运河申遗旅游线套票。全年水上公交客运 104.5 万人次，营收 215 万元；漕舫旅游客运 27.7 万人次，营收 765 万元。

这些数字的增长，如果说和申遗成功没有关系是不可能的。申遗像是助推器，但站在新的起点上，运河的未来会如何？

运河的"后申遗时代"

大运河申遗成功后，有人发问："西湖经验"能移植到大运河吗？

2011 年，西湖申遗成功之后，杭州对世界许下了"六不"承诺："坚持还湖于民目标不变，门票不涨价，博物馆不收费，土地不出让，文物不破坏，公共资源不侵占……"

3 年后，西湖交出了一份满意的答卷。那么，西湖申遗成功之后的管理保护经验，真可以移植到大运河吗？

当然可以借鉴。2014 年 7 月 29 日，时任浙江省委常委、杭州市委书记龚正会见联合国教科文组织文化助理总干事班德林一行时强调，杭州将坚持"还河于民"目标不变，努力把运河打造成世界级旅游产品。基于这个目标，杭州将坚持保护运河目标不改变、坚持博物馆不收费、坚持文物不破坏、坚持公共资源不占用等；再比如西湖申遗成功后，杭州成立西湖世界遗产监测管理中心，而运河也会成立专门的机构进行实时监测。但两者不能简单类比，毕竟它们作为世界遗产的分类就不同。

后申遗时代，需要考虑的问题还有很多。首先是立法保护，其次是部门合作，最为重要的是，让运河"活"起来。通过政府主导，将运河沿线的遗产点串珠成链，打造一条黄金水岸的旅游线，通过和旅游部门、文化部门的合作，为千年运河注入人文气息，吸引游客聚集人气，以人气带动财气、以财气助力运河保护。通过合理的市场运作，筹措运河保护资金。

大运河成功申遗后，杭州市大运河申遗办第一时间发布承诺："申遗不是目的，保护和传承运河文化，继续发挥运河在经济社会全面发展中的重要作用，是大运河保护和申遗工作的宗旨。保护运河只有起点，没有终点；只有逗号，没有句号。大运河沿线城市将以运河成功申遗为新的起点，共同努力把大运河这份厚重的文化遗产、人类的共同财富保护得更好，让运河再活一个两千年。"

可以看到的是，中国政府恪守《世界遗产公约》及其操作指南的有关要求，继续为大运河珍贵文化遗产提供了最好的保护，并将继续团结各利益相关方，进一步巩固跨地区跨行业对话和协调机制，深入探讨巨型线性文化遗产，尤其是活态文化遗产的保护、管理和利用模式，让蕴含丰富精神内涵的大运河流向可持续发展的未来。

做好保护与管理的顶层设计

对于相关职能部门，或者是文保专家而言，大运河申遗成功是一道门：现在门开了，门外的风景更加壮阔，而保护的责任更重了。根据联合国教科文组织《保护世界文化与自然遗产公约》的规定，列入世界遗产名录的所有遗产必须有长期、充分的立法性、规范性措施，确保其存在和得到保护。

按照《公约》的要求，杭州市大运河申遗办为加强对大运河文化遗产的保护和管理，于2014年申遗成功后就起草了《中国大运河（杭州段）遗产保护管理条例》（以下简称"条例"）。2016年，条例在杭州市第十二届人民代表大会常务委员会第四十一次会议上通过。通过立法对运河（杭州段）文化遗产加以保护与管理，相当于是做好"顶层设计"。

运河（杭州段）纵贯杭城，流经余杭、拱墅等多个行政区域，又涉及文物、水利、环保、港航、城建等多个部门，有时候反而造成管理职责分工不清晰。条例出台后，既明确了各行政区、各部门的职责，也理顺了各部门与运河文化遗产保护管理的关系。

同时，立法也能够加深公众对遗产的理解与认识，增强公众对文化遗产的尊重和保护意识，共同做好文化遗产的保护管理工作。

运河穿城而过

　　这其实也是有章可循的。在西湖申遗成功后，2012年《杭州西湖文化景观保护管理条例》正式实施，条例内容非常细致，几乎武装到每一片叶子。《中国大运河（杭州段）遗产保护管理条例》同样如此。

　　2017年，《杭州市大运河世界文化遗产保护条例》正式实施，可以说，将大运河视作"城之命脉"的杭州行动迅速，在大运河沿线27个遗产城市中，率先出台了全国首个运河保护地方性法规。条例把运河杭州段7.73平方公里的遗产区和24.47平方公里的缓冲区都纳入"管辖范围"。

　　不独杭州，大运河申遗成功后，浙江段沿线城市陆续开展地方立法实践。2021年1月1日，《浙江省大运河世界文化遗产保护条例》正式实施，这是国内首部相关省级立法。浙江省还将大运河遗产保护工作纳入地方政府绩效考核评价体系，将大运河遗产河道保护纳入"负责河长制工作的机构"工作范围。截至 2022 年，围绕着中国大运河，各项法规和条例的陆续颁布，共同构筑起了保护传承利用运河文化的重要屏障，这是一次新的起点。

2018 年《中国大运河（杭州段）世界文化遗产要素分类、代码与图式》和《中国大运河（杭州段）世界文化遗产监测工作规范》两项标准正式实施。

相关部门还委托杭州市城市规划设计研究院和中国建筑设计院有限公司联合编制《杭州市大运河世界文化遗产保护规划》（以下简称《大运河规划》），明确杭州运河 110 公里 11 个遗产点段"分类分段分级保护管理"。2019 年 1 月，杭州市人民政府正式发文批复，明确《大运河规划》是实施杭州市大运河保护工作的重要依据。"本次规划积极落实大运河申遗文本和中国大运河遗产管理规划的总体原则，将遗产保护的宏观要求和大运河杭州段的 6 个遗产点及 110 公里的遗产河道的沿线空间相结合。"

在接受媒体采访时，杭州市运河综保中心副主任陈江说，规划有诸多创新，是坚持"多规合一"，把遗产保护规划与杭州城市总体规划、土地利用规划相衔接，整合港航、水利等专项规划，实现了遗产保护、城乡规划、国土、港航、水利、防洪、水环境、旅游等多规划融合。

规划以上位规划为指导，深入研究大运河遗产保护和管理，提出大运河杭州段遗产区、缓冲区分要素、分类、分段、分级管理要求。将大运河（杭州段）各遗产点段分水工遗存、附属遗存、相关遗产进行分要素保护管理；将大运河（杭州段）划分为现代城镇段、历史城镇段、郊野村庄段、自然生态段进行分段管理……提高保护规划的科学性和可操作性，为遗产保护和城市发展找到"最大公约数"。

2021 年 2 月，中办、国办印发《大运河文化保护传承利用规划纲要》。

《纲要》强调，坚持科学规划、突出保护，古为今用、强化传承，优化布局、合理利用的基本原则，打造大运河璀璨文化带、绿色生态带、缤纷旅游带。

而在《杭州市大运河世界文化遗产保护规划》获批后，杭州又有了新的"动作"：谋划大运河杭州段文化带保护传承利用行动规划的编制工作，结合大运河国家文化公园建设，对大运河沿线产业进行全面的梳理激活。

行动规划将立足产业，对运河范围内七个区的沿线产业进行统筹引导，力求实现运河两岸经济带激活，在加速杭州融入长三角区域一体化的进程中发挥重要作用。

沿线城市有了共同目标

借着申遗成功的东风，2014 年 6 月，杭州做东，邀请京杭大运河沿线的 18 个城市旅游局（委），成立"京杭大运河城市旅游推广联盟"，共商大运河旅游项目推广大计。这次会议由国家旅游局指导，杭州市人民政府、浙江省旅游局主办，杭州市旅游委员会、杭州市京杭运河（杭州段）综合保护委员会承办。参与的联盟单位来自京杭大运河沿线的 18 个联盟城市（自北而南）：北京市，天津市，河北省沧州市、衡水市，山东省德州市、聊城市、济宁市、泰安市、枣庄市，江苏省宿迁市、淮安市、扬州市、常州市、无锡市、苏州市，浙江省湖州市、嘉兴市、杭州市旅游局（委）。

在联盟成立大会上，18 个城市共同发表了《京杭大运河城市旅游推广联盟杭州共识》，推广整体旅游品牌。

时任杭州市旅游委员会副主任赵弘中在接受记者采访时说，中国大运河自北而南，流经 8 个省市，跨越 3000 多公里，大多数游客不可能走完全程，今后 18 个城市可能分组组合，设计出特色旅游产品，推向市场。

浙江新世界国旅相关负责人表示，已经把博物馆、运河互动体验区、小河直街、台湾美食街等打包到运河旅游产品里面，而申遗成功会令运河的境外推广更容易。中国国旅总社入境部负责人也表示，可以学习法国塞纳河和英国泰晤士河的做法，推出满足不同游客需求的游览方式，让运河游成为中国入境游最好的选择。

沿线各城市以申遗成功为契机，深入挖掘大运河的旅游资源，打造"京杭大运河"品牌整体形象。京杭大运河沿线的物质和非物质文化遗产种类繁多，杭州的拱宸桥、无锡的清名桥、天津的杨柳青等等，个个堪称经典。但如何把京杭大运河这条千年"黄金水道"，打造成一条美景水道、文化

黄金水道

水道、绿色水道和旅游水道，如何合力打造运河黄金旅游区？《京杭大运河城市旅游推广联盟杭州共识》或许正是这种心迹的袒露：

"为提升大运河城市旅游整体形象，推动区域旅游经济发展，我们共同发起成立京杭大运河城市旅游推广联盟，旨在整合京杭大运河城市资源优势，加快沿线城市区域旅游协同发展，共推整体旅游品牌，积极探讨大运河城市旅游新的合作方式和途径，推进城市之间旅游交流与合作，策划打造全新京杭大运河这条世界级精品旅游线，不断提高中国旅游的国际知名度和竞争力。"

在这份共识中，京杭大运河沿线城市有了共同的目标：

整合运河城市资源，共同构建京杭大运河整体旅游品牌形象，打造世界级的旅游产品；秉承资源共享、品牌共创、市场共拓的原则，共同致力于打造京杭运河旅游经济带，使之成为国内最具知名度和美誉度、国际最具号召力和影响力的区域旅游目的地；强化联盟城市项目合作，区域优势互补，促进区域旅游经济协调发展，实现共赢。

目标确立很容易，但要到达目标却不能一蹴而就，因此，这些京杭大运河沿线城市商量之后，决定在未来3—5年分阶段实施区域市场联合推广的"十个一"工程：

成立一个工作联盟；编辑一本旅游资源专题画册；拍摄一部旅游宣传片；征集一句品牌形象宣传口号；开发一组国际、国内旅游专题线路；推出一个专题网站；办好一组大型旅游节庆活动；创设一场最具特色的"中国运河庙会"；打造一系列运河美食品牌；推出一批特色旅游纪念品；甄选一名运河形象代言人。

在这"十个一"工程中，既有远期的，也有立刻可以落地的。当年在杭州举办的首届中国大运河庙会，人气和口碑爆棚。

在大运河申遗成功一周年之时，京杭大运河文化产业带高峰论坛在拱宸桥畔举行，沿线城市代表交流了申遗一年来的情况，公布了《京杭大运河文化产业带调研报告》。

中国传媒大学文化发展研究院原院长范周分析说：大运河沿线，集中了我国文化产业发展的中坚力量，打造"京杭大运河文化产业带"，将有利于文化遗产保护与城市文化产业发展。而沿线 18 个城市的产业分布各有不同，两端以文化产业为主，中部以文化产品制造、观光为主。

这份报告建议，出台《京杭大运河文化产业带发展规划》，打好"组合拳"，打造"两区四中心"。"两区"即"产业核心区"和"产业拓展区"，前者以文化旅游、演艺娱乐、手工艺品为重点，后者注重文化融合，新型文化业态。"四个中心"即京津文化版权和金融服务中心、沧州—济宁运河文化产品制造和文化旅游中心、扬州融合创新和休闲娱乐中心、杭州文化创意和会展中心。

申遗成功是一种抵达，但在目标达成之后，又是一次新的开始。

打造指尖上的大运河

点点手指，联通世界。在杭州这座互联网之城，数字赋能当然是一把钥匙。中国大运河（杭州段）世界文化遗产全长约为 110 公里，点多、线长、面广，为提高遗产监测巡查效率和精准度，从 2019 年开始，杭州市京杭运河（杭州段）综合保护中心就利用无人机，探索空地结合、人机结合、立体交叉巡查。

水环境监测预警平台

水环境信息管理系统

　　在日常监测之外，杭州还启动了对运河底泥环境质量的检测分析工作，对重要排放口和重点保护对象区重点监测重金属、有机碳等污染物沉积状况，像保护眼睛一样保护大运河生态环境。

从 2014 年中国大运河成为世界文化遗产以后，杭州在数字化监测利用实践方面走在了前列，大运河（杭州段）的遗产保护以遗产数字化监测作为重要的技术手段，并与保护管理工作紧密结合，以此促进保护管理利用研究水平提升，达到科学保护、合理利用、有效管理。

这体现在遗产信息数字化调查测绘、数字技术巡查和专项监测、监测预警平台数字化提升、运河水环境信息管理数字化平台建设、遗产数字档案建设、运河遗产三维数字化、遗产数字化资源活化利用等方面。

从 2014 年到 2019 年，杭州建立起了以水质监测为基础、底泥监测等于一体的生态监测体系，建立运河流域全覆盖水质监测网络，将运河沿线 100 条支流全部纳入监测范围、水质监测断面达 118 个，实现运河（杭州段）水质监测流域全覆盖。建成汇集运河基础 GIS 信息、监测断面信息、监测报告情况、监测数据分析、污染断面警示、水质状况展示等功能于一体的"杭州市京杭运河水环境信息管理系统"，为运河生态监测信息化建设和数字化管理提供了重要平台保障。

拱宸桥是区域历史、经济、文化的象征，同时也是运河有力地促进区域经济与文化发展的强有力的实物佐证。通过拱宸桥的文献资料整理与数字化、形制比较研究与历史研究、尺度设计方法复原、材料与作法工艺研究、桥梁结构安全性评估、绘制桥梁结构图等工作，最终建立拱宸桥（包含桥梁水下与水上结构）的营造结构模型。

在以杭州"数字治理第一城"的建设契机引领下，杭州的大运河治理充分利用数字技术手段，围绕资源管理、监测预警、生态保护、项目管理、规划执行、公众服务等业务，全方位提升大运河遗产数字化保护水平。通过数字化技术和手段，促使运河文化遗产进一步"活"起来。

"云游"运河

2020 年的第四届杭州市大运河世界文化遗产保护宣传周上，因为疫情，主办方采用了"云游"、直播、互动的方式，与运河边的市民进行对话，带着网友体验运河边的传统民俗、绘画、剪纸、曲艺等文化生活，宣传周设置了一个线上活动总平台"指尖上的大运河"。

"宣传周新闻聚焦"、"云游运河"小程序、"守护运河"遗产点导览地图、"漫步运河"之楹联赏析、"千年一脉运河情"互动游戏、"印象运河"影像展览、"运河那些事儿"音频小课等，通过文字、视频、音频、小程序等多平台多渠道，从"指尖上的大运河"里流淌出来，展现出了运河文化的无限魅力。

"云"观古运河，自然是疫情时期最妙的打开方式，传统民俗、运河风光被搬到线上。"云游运河"小程序上线后，网友便可在手机上直击运河杭州段各遗产点全景风貌，在线聆听导游的讲解。这些"云"游，结合运河遗产知识普及、运河申遗成功六周年纪念邮戳、"漫步运河"之楹联赏析等线下活动，运河文化在特殊时期"活"了起来。

这是数字化力量的显现，即使在后疫情时代，它依然是扩大宣传和传播的有效渠道，就像是新开拓出来的河流，能够带来更多的活水。

未来的运河新城

城市的兴盛往往与河流有着密切的关系。从商业角度来看，运河和水域，对城市和经济发展是至关重要的。纵观世界，大部分的一线城市都是跟运河水域息息相关的，日本福冈的博多运河城、英国伦敦金丝雀码头、韩国首尔青溪川都是运河文化的发展与城市复兴典型例子。而纽约，更是依托于运河繁盛起来的大都市经济带的典型城市。

与伦敦、纽约等因运河的开通而繁盛至今的国际级城市一样，今天的杭州，千年的大运河依然发挥着作用。唯一不同的是，这条曾经以水运贸易、工业运输为己任的运河，早已经华丽转身，成为旅游、文化、创意、商贸、休闲、居住的绝佳载体。随之而来的是一条成熟、符合未来美学经济的运河经济带正在走向成熟。

千年运河对于杭州的重要性自不待言："半天下之财，悉经此路而进。"作为京杭大运河最南端的杭州，因占据黄金水道的重要位置，终于成就了"钱塘自古繁华，参差十万人家"的兴盛景象。

现在，作为世界文化遗产的运河，对杭州发展的作用同样有活水般的效果：曾经，西湖是杭州人心目中不可动摇的中心。为了适应城市发展的需求，近年来，杭州积极实施"东动西静南新北秀中兴"的城市规划，分别在钱塘江岸和运河沿线打造了两大新城中心，即钱江新城和运河新城。根据规划，运河新城的定位为：打造具有运河特色、杭州特色、时代特征，集生活居住、商务办公、商贸物流、旅游休闲、文化创意、总部经济等功能于一体的城北城市副中心。

规划中的运河新城，北至余杭界、西接京杭大运河、东临拱康路、南靠石祥路，总面积约 7.27 平方公里。运河新城与钱江新城最大的区别在于，钱江新城的开发与建设是选择在一个全新的城区，而运河新城则是在本已经拥有大量成熟企业、大量成熟住宅社区的基础上进行改造。从一开始，运河新城就已经赚足了人气分，这也是目前运河新城规划出炉后，各类商业业态迅速跟进的最为根本的原因。

未来的运河新城究竟展现出怎样的姿态？初步架构已经形成。运河新城将构建"一带，双心、六片区"的发展格局。

"一带"指的是运河水系与运河沿岸公园绿地共同组成的运河景观带。"双心"即中部炼油厂工业地标性景观综合体和南部运河商贸物流综合体。

建设中的运河两岸

而六片区则由北向南，分别为铁路北片区、铁路南片区、炼油厂综合体片区、杭钢河南片区、商贸物流综合体片区、工业仓储片区。

通过一系列改造、整治以及新的景观带建设，脏乱杂成为过去，高品质生活环境与保留下来的工业遗存，共同形成运河新城的新面貌。可以说，作为杭州最具价值的人居河流，在其周围，一条非常明显的运河经济带正在有序进行重塑，成为杭州城市建设滚滚而来的新财源。

2017年在杭州举办的第二届中国大运河国际论坛以"中国大运河文化带构建"为主题，梳理大运河文化发展脉络，多层次、多维度、全方位地探讨大运河文化带的保护开发，共同推动大运河的可持续发展。

在这次论坛上，民盟中央文化艺术研究院理事陈曼娜，浙江省城乡规划设计研究院院长、浙江省人民政府参事陈桂秋等知名专家学者共同探讨了大运河的保护、利用和可持续发展。法国米迪运河等国际代表也到场做了深入交流，内河航道国际组织主席大卫·爱德华兹·梅则分享了世界运河保护开发利用的经验。以"北京—杭州：大运河文化带构建规划"为主题的"京杭对话"，更是擘画了大运河文化带的生动蓝图。

而杭州"桥西历史街区综保工程：棚户区到休闲遗产高地的蜕变"，从全球10多个国家的30多个项目中脱颖而出，一举摘得2017世界休闲组织国际创新奖。

《中国大运河申遗文本》总撰稿人张谨表示，杭州在运河保护、商业

桥西旧貌

蜕变后的桥西历史街区

开发、业态管理上保持了一种平衡和谐的状态，已成为运河沿岸城市综合保护利用的典范。

　　杭州市运河集团副总经理张耀良介绍，将大运河文化保护好、传承好、利用好，用理性、开放、发展的态度来对待它，科学地利用好大运河的文化价值和经济价值，已成为沿线城市的共识。杭州处于大运河一个比较特殊的地理位置，既是京杭大运河的南端，又是浙东大运河的起点。杭、嘉、湖、甬、绍5个我省的大运河沿线城市，未来不再单打独斗，将形成一体化的合力。中国大运河文化带建设浙江城市协作体将打造交流、合作和资本的三大平台，实现产业与资本的互联互通。杭州也将开展更多国际交流，学习、借鉴国际上其他城市在保护、传承和利用运河文化上的经验和理念。

　　中国大运河申遗成功，仿佛打开了一道未来之门，我们可以展望，我们可以遐想。

2. 岁岁长相见

借助于中国大运河成为世界文化遗产的契机，杭州市运河集团大显身手，开展打造千年运河重大品牌活动。

集团在"千年运河"的品牌下，构建了中国（杭州）新年祈福走运大会、中国大运河文化带京杭对话、"郎朗杯"中国大运河国际钢琴艺术节、大运河庙会、京杭大运河国际诗歌大会等五大具有杭州特色的文化品牌系列活动，多形式、多角度、全方位展现运河杭州段的活态保护、传承与利用。

全方位展现运河魅力

从 2017 年开始，中国（杭州）新年祈福走运大会就成为运河景区每年首发的品牌活动。每年的 1 月 1 日这一天，大批市民游客和国际友人，簇拥在运河之畔，以毅行走大运的形式迎接新年的到来。整个"走运"全程约 8 公里，途经世界文化遗产中国大运河（杭州段）标志性建筑拱宸桥，并串联大兜路历史文化街区、桥西历史文化街区、小河历史文化街区等，沿途可以尽情体会"千年运河"的独特风情。

"大运河是杭州的母亲河，是活着的遗产。走运大会让古老文明浸润现代生活，让更多普通人感受到了大运河的文化与内涵，看到了大运河的魅力。"前来参加走运大会的杭州市民如是说。

有专家评价，"走运大会"的 IP 是深具文化意义的城市品牌，融合古今，呈现传统文化的当代表达，在世界遗产活态传承中发挥了"重要窗口"作用。中国（杭州）新年祈福走运大会于 2021 年获首届国际休闲生活案例奖金奖。

北京和杭州，作为分属京杭大运河南北两端的城市，从 2019 年就开始轮流举办中国大运河文化带京杭对话系列活动。

2019 年的第一届放在杭州，由北京市人民政府新闻办公室、浙江省人民政府新闻办公室、杭州市人民政府、中国新闻社主办，杭州市运河集团、杭州市园林文物局（运河综保委）、中国新闻社浙江分社承办。

这次活动中签署了《北京市人民政府新闻办公室、浙江省人民政府新闻办公室、杭州市人民政府、中国新闻社关于大运河文化带京杭对话合作机制框架协议》。京杭对话，就像是两个历史和地域不同的人的对话，促进了南北文化的融合，也调动了运河沿线城市的资源和力量，积极助推构建大运河保护、传承、利用共同体。

大运河是诗意之河，从大运河开掘以来，这条河道之上，飘荡着诗风词韵。

从 4 月 23 日世界读书日起至 6 月 22 日大运河申遗成功纪念日，为期两个月的时间里，对于京杭大运河杭州段两岸来说，是诗意的季节。如果你恰好在周边春游，冷不丁地就会遇上一个眼熟的诗人，因为每一年此时都会举办大运河国际诗歌会，来自全国各地的诗人们齐聚在此，采风赋诗。

每一年的金秋季节，中国大运河庙会和中国大运河国际论坛都会如期举办。中国大运河庙会始于申遗成功的 2014 年，首届庙会以"千古运河，还看今朝"为主题，设置了杭州拱宸桥主会场和两个分会场，安排有祈运仪式、十八彩船嬉歌行、非遗集市、运河菜系交流峰会、文化创意集市、乡情乡会等特色主题板块，是 2014 杭州西湖国际博览会的重头戏之一。

2014 年首届运河庙会

2018 年，国际钢琴大师郎朗工作室落户大运河畔，郎朗成为首位"中国大运河·杭州形象大使"。2019 年 5 月，他携手国际钢琴艺术家在运河天地奏响"2019 中国大运河国际钢琴艺术节暨郎朗杯钢琴大赛"的序曲，并在杭州开展了一系列盛大的钢琴文化活动，为市民带来一场文化艺术视听盛会。

郎朗如此说大运河："杭州人文景致代表中国文化的高境界，以后我要把灵感化为音符，化为大运河的歌；我将以钢琴、音乐为媒，让京杭大运河走向世界舞台。"

"展示中华文明影响力凝聚力感召力的重要窗口"，这或许是大运河杭州段眼下正在实施，而未来必将成为现实的方向……

建设中的大运河国家文化公园

2019 年 12 月，中共中央办公厅、国务院办公厅印发《长城、大运河、长征国家文化公园建设方案》，正式开启国家文化公园建设，大运河文化公园首批入选，被誉为中华文化保护的灯塔项目。

国家文化公园的建设，无论在内容还是保护利用形式，都是中国首创，是我们彰显文化自信的创新探索。不同于游览休憩的市民公园，也不同于强调生态系统原生性的国家公园，国家文化公园以公园为载体，以文化为主题，突出民族文化自信和地域文化认同。它的保护对象是历史文化和文化传承机制，因此也需要更多人的参与，体现人的精神力量传承。

而杭州作为大运河南端的枢纽中心城市，无疑是中国大运河时空演变、城河关系影响与价值阐释的缩影。杭州能否讲好运河故事，发挥大运河文化精神独特的影响力、感召力、生命力，对国家文化公园建设十分关键。杭州市坚持把文化基因和创新要素注入大运河国家文化公园建设全过程，谋划将三大历史街区、四大文化园区，以及博物馆群、遗产遗迹群、游步道、绿化带等片段串珠成链，形成一条独具韵味、别样精彩的文化旅游休闲长廊。京杭大运河博物院、大运河滨水公共空间、大城北中央景观大道、大运河杭钢工业旧址综保项目、大运河未来艺术与科技中心、大运河生态艺术岛……这 6 个项目成功入选国家大运河文化公园标志性工程名录。

杭州市规划设计研究院城市发展与历史保护研究所所长华芳接受采访时说："杭州将以大运河杭州段为轴，努力打造中国大运河国家文化公园的经典园，使之成为浙江共同富裕示范区的文化生态实践范本。"

"我们探索并实践项目全生命周期管理理念，实现市场定位、策划、规划、设计、施工、运营、管理整套闭环，推动国家文化公园可持续运营。"杭州市运河集团相关负责人如此回应。他们邀请赫尔佐格－德梅隆建筑事务所（Herzog & de Meuron）、隈研吾建筑都市设计事务所等世界级设计团队参与标志性项目的方案设计，并实施目标导向，并联推进，严格考核，抓好项目前期与项目开工，多个标志性工程跑出了当年设计、当年立项、当年开工的"加速度"。

浙江大运河国家文化公园建设专家咨询委员会、大运河博物院项目博物馆展陈专家委员会这些高水平专家团队也迅速组建，为杭州段大运河国家文化公园建设运营建言献策。

在 H·W·房龙 20 世纪 30 年代所著述的《房龙地理》中，不仅提到了中国的万里长城，占据同样篇幅并同样配以生动图片的，还有中国的大运河。中国疏凿运河的历史悠久，大运河文化无疑是中国古老文化中重要的组成部分，而大运河杭州段，无论从时间还是保留下来的遗存来看，都可以算作中国大运河各河段中的翘楚。而现在的变身，也是匠心独运。

大运河杭州段工业遗存众多，是大运河沿线区县（市）中最完整、最具典型意义的。如何把这些遗存的作用发挥出来？

答案就是让工业"搬"出来，文化"住"进去：大运河两岸原来的厂房、仓库，变身为各类专题博物馆。而坐落在拱墅区的原国家厂丝储备仓库，则引进了丝绸主题酒店，由老旧厂房打造的运河天地文创园省级示范园区，中文在线等一批重点企业已相继入驻。

热电厂大烟囱，曾经是莫干山路的地标，进出杭州北门的人远远都能看见高高矗立的它，如今摇身一变成了拱墅区展示工业遗存、传承历史文脉的重要窗口。它的内部别有天地,藏着一家特色书房——运河主题图书馆,近 300 平方米的展陈空间、超过 20000 册的藏书、自带 4D 空间立体环绕效果……

新近开放的拱墅运河体育公园，是大运河标志性项目之一，也是杭州亚运会 56 个竞赛场馆之一。一条花园岗路将公园分为南北两区，下沉通道"花令十二坊"蜿蜒而过，地面的砖石上，印刻着京杭运河流经的城市坐标，从起点北京通州到终点杭州，让我们踏足其上，穿越千年，穿越千里，也或者有千念汹涌。

"大运河国家文化公园"初现端倪，我们可以期待它风姿绰约的那一刻，或许，那又会是一个"杭州样板"。

让运河可观、可感、可亲、可触

"项目穿越遗产河道和驳岸，应在设计方案中补充遗产河道和驳岸的施工保护方案，确保遗产安全……"这是杭州市京杭运河（杭州段）综合保护中心针对规划中的城北配套污水管工程，出具的一份遗产影响评价意见。

从 2019 年 1 月开始，所有在大运河遗产区内进行工程建设的项目在立项前，都要报请大运河遗产综合保护部门进行遗产影响评价，3 年来被评价的项目已达 98 个，"现在更是给大运河遗产保护上了'双保险'"。

杭州市规划设计研究院城市发展与历史保护研究所负责编写《杭州大运河国家文化公园规划》。国家文化公园要赋予人们共鸣和感触，就必须保护好真实的历史空间，为此他们进行了大范围普查，梳理了不同地段、城区的大运河资源禀赋，其中已保护的历史文化资源约 215 处，新增展示的文化资源约 140 处；明确了差异化建设保护重点，各城区可根据自身需求参考，在保护基础上，进行开发建设。希望通过这些努力，最大程度地平衡保护与发展的关系。

2022 年 3 月印发的《杭州市大运河文化保护传承利用暨国家文化公园建设方案》为我们展望大运河国家文化公园提供了依据：首先是更宽广，杭州段建设范围覆盖大运河沿线 7 个城区，重点建设管控保护、主题展示、文旅融合、传统利用四类功能区。其次是更多元，纵观保护开发方案，最亮眼的十大核心展示园中，不仅有传承传统文化的塘栖江南运河名镇、拱宸桥运河文化群落等核心展示园，还有体现现代运河发展、多元文化融合的江河汇现代运河、武林运河繁华商旅等核心展示园。

整个项目预计到 2023 年底基本建成，2025 年底在大运河文化公园范围内，将实现各类文化遗产资源保护全覆盖，基本形成分级分类展示体系。

这是要让运河千年文化立体化，打造一个让运河可观、可感、可亲、可触的国家文化公园。

在浙东运河的起始地西兴街道，街边的老宅中还住着原居民，原样保留了众多历史建筑。这里摒弃了大拆大建模式，即使古镇房屋修缮，也以最小干预为准则，老宅上补上的青瓦，都是搜集来的旧瓦，"我们打造古镇，始终以保护为前提"。原汁原味的运河古镇，吸引了不少游客和创业者，使得茶叶工坊等与之相契合的业态得以生根发芽。

《杭州市大运河核心监控区国土空间管控细则》目前已出台。未来，不止是遗产保护区，所有纳入大运河文化公园体系的运河遗产河道沿线，都将不再新批高楼建设。

标志性项目之一的小河公园在 2022 年 10 月 1 日开放，它的建设体现了一种平衡，对历史的尊重与彰显和对城市功能需求的创新融合。

　　小河公园背靠小河直街历史街区，北接拱宸桥，东面大运河。这块地的前身中石化小河油库，建于 20 世纪 50 年代初，是新中国成立后浙江省建立的第一座油库，承担着重要的"储油""输油"功能。时代变迁，随着油库搬迁他处，小河公园业已成为新的文化景观地标。

　　为了保留并体现运河的工业文化，杭州市运河集团工作人员多次走访油库的老员工、相关专家，收集了一批油票、史料、老物件等与小河油库文化相关的元素来丰富公园的微景观。

　　在小河公园中，四个仓库和三个老油罐被完整保留，在油罐外壁开凿数个圆孔，保持空气流通的同时兼顾艺术化的光影效果，方便游客互动体验。

小河公园

仓库的部分墙面上，用具有强烈工业感的耐候钢做出了窗帘质感的"S"型曲线。

有烟火气的运河，带来了"时空不同，感悟却相似"的文化传承。时至今日，杭州武林门码头依然不时有人询问，有无赴苏州的夜航船，希望能枕着运河水晃悠一晚，醒来便是另一个水乡。

最受民众期待的是，未来将开通新的运河游线。

在水上游线中，打造钱塘江—运河游、运河夜游、运河—西溪、运河—良渚、武林门—塘栖、上塘河夜游等游线。

在主题游线中，打造武林门码头—塘栖—丁山湖—超山、拱宸桥—上塘河—半山—皋亭山文旅线路、江河汇—南宋皇城小镇等经典文旅线路。

在岸上游线中，打造以文艺演出、非遗展示、民俗表演等为特色活动的运河沿岸景点游线。

在跨省内河游线，打造杭州—苏州、杭州—无锡等内河游线。

《建设方案》中还有很多让我们期待的项目。

上塘古韵寻踪核心展示园，重点围绕桂芳桥、安平泉、皋亭山、临平山、临平湖湿地等提升建设，挖掘班荆馆等南宋运河沿线文化，联动展示上塘河千年古韵文化。

余杭塘水乡粮仓核心展示园，重点围绕仓前古镇、余杭塘河、水乡圩田、章太炎故居等提升建设，挖掘大运河漕运仓储文化，展现运河水乡田园风貌。

江河汇现代运河核心展示园，重点围绕钱江新城（城市阳台观潮、钱塘江夜游）、杭州金融城、三堡船闸、杭州海塘等区块，着力发展金融、都市旅游等产业，彰显大运河（杭州段）开放包容、奔竞不息的文化形象。

浙东运河复兴核心展示园，重点围绕浙东运河（萧山段）城厢、新塘、衙前等区域，突出做好古桥、古庙、古镇、古街、古村落、古纤道等遗存抢救和保护，推进运河环境综合治理，统筹谋划运河两岸区域发展，挖掘和弘扬衙前红色文化等特色文化，重现浙东运河历史繁华风貌。

......

这样的大手笔使未来更值得期待。这是中国大运河在 2014 年成为世界文化遗产后，在它的南端将迎来又一次华丽的蝶变。

万里写入
襟怀间

尾
声

波光粼粼的水道之上，有白鹭临风翩跹，宛如精灵，而从九乔路大桥上往南望，八堡船闸的两座闸室，波浪形的穹顶仿佛飞鸟展翅欲飞，东西两道引航道也已经碧水荡漾。

八堡船闸是内河联通钱塘江的控制性节点工程，承载起千吨货轮从内河往来钱塘江的使命。和八堡船闸相连的航道，正是京杭运河杭州段二通道。

所谓京杭运河杭州段二通道，就是在原有的京杭运河之外，再辟一条航道。这条新辟运河航道，起自临平博陆，穿 320 国道、沪昆铁路、沪杭高铁、沪杭高速、杭浦高速、杭州绕城，终于八堡船闸，全长 26.4 公里。

为什么要开挖杭州运河二通道，它的意义又在哪里？如果站在中国大运河的历史和数次改道的角度来观察，我们会发现历史与时间的重量，运河的开挖以及此后杭州段的变迁，事实上都改变了杭州，并让它成长为现在的模样。

隋代修凿整合了江南运河，并在城东、城南开河，使江南运河与钱塘江沟通，杭州成了大运河联通五大水系的关钥。更为重要的是，大运河的贯通，使杭州与隋朝京城洛阳直接相连，杭州的繁荣，拉开了历史的帷幕。唐时，南来北往的物资越来越多地汇集于大运河上，大运河称得上是"半

八堡船闸

天下之财，悉经此路而进"的黄金水道。倚靠着通江达海的大运河，杭州成为著名的通商口岸。经过吴越王钱镠的经营，杭州已是"市列珠玑，户盈罗绮""参差十万人家"，一派繁华景象。"地有湖山美，东南第一州"，北宋时，杭州上交的商业税位列全国首位，已是江南第一大都会。南宋定都杭州，城市规模达到了古代历史的高峰，不但成为了全国的政治、经济、文化中心，还是当时世界上最繁华的大都市之一。而南宋政权的巩固也多得益于运河漕运一脉。元、明、清三代，作为浙江省会的杭州，正是因为大运河的连接，一直保持着"东南财赋地，江左人文薮"的地位。

而如今，杭州还衍生出文旅商相融合的产业资源，这对经济发展及提升城市"软实力"有着不可估量的价值。可见无论是古代还是现代，运河都对杭州的经济发展有着重大影响。

从运河的谱系去观察，当下第二通道的拓展是运河杭州段自诞生以来第三次的大动作，也是时代的镜像。这一次的改变，实际上已经延续了近 40 年。

在 20 世纪中期，公铁运输兴起等原因，让航道的航运能力逐步萎缩，昔日的水运繁华不再。当时，钱塘江与京杭运河虽近在咫尺，但江河因堤坝而阻断，密密麻麻的船只只能在运河范围内航行。

1983 年 11 月 12 日，京杭运河钱塘江沟通工程重点项目之一的三堡船闸开工建设。闸室长 160 米，宽 12 米，设计年通过量 300 万吨。船闸上、下游均设有远方锚泊区。1989 年 2 月 1 日后，三堡船闸正式通航运行，结束了在杭州江河相望、咫尺不通的历史，拓展航程 400 公里。三堡船闸将京杭运河、钱塘江、东海衔接起来，构成了以杭州为中心、京杭运河与海河、黄河、淮河、长江、钱塘江五大水系相连通的水运网。

据杭州交通港航部门数据，截至 2021 年底，三堡船闸完成年过闸量 6020 万吨，全年过闸量创下历史新高。三堡船闸有效地发挥了水运成本的优势，还有力地助推了杭州和周边地区的经济发展。

改革开放后经济快速发展，每年有 2000 万吨煤炭油品、粮食等重点生活物资，5000 万余吨砂石渣土等大宗物资，通过水路进出杭州。而杭州主城区的大运河航道仅能通航 500 吨级的内河船舶，25 座桥梁还未达到五级航道的通航要求，需求与运力的不相匹配，让大运河不堪重负。更何况，大运河杭州段中，诸如拱宸桥、桥西历史文化街区、富义仓、凤山水城门遗址等景点早已融入杭州市区，成了著名的游览地，运输带来的噪音和废气也影响着世界遗产的文旅价值。

如何让运河发挥航运功能，又不影响作为世遗的价值？一切都在指向

运河二通道入江口

改变，或期待着在原有基础上新的拓展。新辟一条航道，无疑是最好的选择。京杭运河杭州段二通道便应运而生，而杭州市区内的运河河段，会成为游船、游客的专有航线，运送砂石的货船，或许只是其中的点缀，就像我们所看到的飞鸟。

早在1989年，浙江省提出了建设"京杭运河杭州段二通道"的设想，经过多方论证，2016年"二通道"正式开工，总投资167.7亿元，历时6年，2023年6月终于全线建成。

2023年7月18日，一艘艘货船从八堡船闸的闸门中缓缓驶向钱塘江。

谋划 30 多年的运河杭州段二通道正式通航，新老运河完成了"使命交接"。千吨级船舶可从山东直达杭州并进入钱塘江，浙北、浙东及浙江中西部的航道将完全贯通成高等级内河水运网，杭州将成为浙江乃至华东地区的物流集散中心。

如果说隋唐时运河的南北贯通，为维持大一统的局面作出了重要贡献，也促进了运河沿线地区的经济和社会的发展繁荣，那么眼下运河杭州段二通道的实现，至少和元末张士诚的"新开运河"一样，让运河有了另一种流向和可能。

从地图上俯瞰，这条新水道仅是一段微小的刻度，但由此打通了大运河水路的"任督二脉"，千年漕运史，今朝新航路，一条传承大运河精神的现代运河已经展现在眼前。

黄金水道。这生生不息的力量，正是水的执着。

参考文献

1.《中国大运河申遗文本》。

2. 孙忠焕主编:《杭州运河史》,中国社会科学出版社 2011 年版。

3. 周峰主编:《杭州历史丛编》,浙江人民出版社 1997 年版。

4. 俞燕君、卫军英等著:《运河南端文化剪影》,首都经济贸易大学出版社 2022 年版。

5. 陈喜波著:《漕运时代北运河治理与变迁》,商务印书馆 2018 年版。

6. 刘森林著:《江南运河》,上海大学出版社 2015 年版。

7. 张强编:《中国运河与漕运研究》(元明清卷),世界图书出版公司 2021 年版。

8. 徐吉军、王国平编:《杭州运河(河道)文献集成》,浙江古籍出版社 2018 年版。

9.《杭州运河丛书》(共 8 册),杭州出版社 2006 年版。

10. 全国政协办公厅新闻办公室编:《京杭大运河 2006》,中国文史出版社 2007 年版。

11. 单霁翔著:《大运河遗产保护》,天津大学出版社 2013 年版。

12. 史念海著:《中国的运河》,山东人民出版社 2022 年版。

13. 政协杭州市拱墅区委员会编:《运河南端工业图史》,杭州出版社2018年版。

14. 杨晓政著:《运河文化读本》,杭州出版社2015年版。

15. 新华社、人民日报、杭州日报、浙江日报、北京青年报等媒体相关报道。

后　记

　　西湖文化景观、中国大运河（杭州段）、良渚古城遗址承载了杭州深厚的历史文化底蕴，是高水平建设历史文化名城的重要资源和依托。为反映其申报世界遗产过程、综合保护历程及有关管理利用工作，杭州市政协组织编撰出版了三卷本"杭州申报世界文化遗产纪实丛书"，以纪实文学的形式，图文并茂地对此作了生动呈现。

　　从提出编撰构想，到正式出版发行，历时一年多。杭州市政协高度重视丛书编撰出版工作，市政协党组会议专题研究编辑出版方案，明确丛书定位、主线、方向、体裁，成立丛书编委会。市政协领导亲自审定写作大纲，多次召开专题会议，听取编撰工作进度，审读全书稿件，提出修改意见。

　　为更好地开展编撰工作，编委会多次召开相关单位负责人会议、编撰工作会议、专家论证会议，筹划丛书编撰，优化书籍大纲；确定了由杭州知名作家组成的撰稿队伍，组建由文史工作者、资深编辑组成的编辑队伍，明确工作责任。初稿完成后，编委会组织申遗、文史、文学、出版等方面的专家学者和相关部门对文稿进行了审读和修改。

　　撰稿团队爬梳各类文献，了解遗产历史，实地考察三项世界遗产，走访相关部门，采访申遗专家、考古工作者、文史学者及申遗工作亲历者，了解遗产保护过程、申遗相关事项、申遗工作经历，获得了丰富生动的第一手资料。撰稿人精心写作、反复打磨，几易其稿，较好地完成了书稿。

编辑团队唯严唯实，不断优化章节排布，合理取舍内容，推敲润色文句，考订相关史实，广泛征集图片，遴选确定配图，精心设计版式，力求做到精益求精。

杭州市园林文物局（杭州市运河综保委）、杭州西湖风景名胜区管委会、良渚遗址管理区管委会、杭州市商旅集团（杭州市运河集团）等单位，积极支持配合编撰团队采访和资料收集，协助提供申遗文本、照片、文件、报道等资料，以及众多生动翔实的素材。有关领导担任丛书编委会副主任或编委，对书稿提出了诸多宝贵意见和建议。

浙江省文物局、浙江省文物考古研究所、中共杭州市委党史研究室（杭州市人民政府地方志办公室）、杭州市规划和自然资源局、杭州市交通运输局、杭州市档案馆、杭州市文联、杭州日报报业集团、杭州出版集团、杭州市运河综保中心、杭州图书馆、杭州市摄影家协会、相关区（县、市）政协等对丛书的编辑出版工作提供了极大的帮助和支持，在此一并致以衷心感谢！

限于水平，疏漏之处在所难免，真诚欢迎广大读者和专家学者不吝批评指正。

编委会

2023 年 10 月

图片提供单位

杭州市商旅集团（杭州市运河集团）、杭州市运河综保中心、杭州市拱墅区大运河文化研究院

图片作者

王英翔	毛惠清	朱海明	阮　晓	杜建华	杜艳丽
李　忠	李　凯	杨　明	杨　侠	吴章涵	余文华
沈周晖	张佳英	张　峰	陈　江	陈博文	苗　军
单逸辉	房友强	钟　昊	姚伟新	顾　越	徐　晖
徐　超	陶金泉	黄　群	梁　臻	董旭明	褚良明
蔡庚松	周　佳	鲍圣慧			

（部分图片作者信息在征集过程中遗失，请联系出版社领取稿酬）

图书在版编目（CIP）数据

华夏文明印痕：大运河（杭州段）申遗纪实 / 杭州市政协文化文史和学习委员会编 . —— 杭州：杭州出版社，2023.10

ISBN 978-7-5565-2043-5

Ⅰ . ①华… Ⅱ . ①杭… Ⅲ . ①大运河—文化遗产—保护—中国 Ⅳ . ① K928.42

中国版本图书馆 CIP 数据核字（2022）第 256386 号

Huaxia Wenming Yinhen

华夏文明印痕
——大运河（杭州段）申遗纪实

杭州市政协文化文史和学习委员会　编

责任编辑　李利忠
装帧设计　浙信文化
责任校对　陈铭杰
责任印务　姚　霖
出版发行　杭州出版社（杭州市西湖文化广场 32 号 6 楼）
　　　　　电话：0571-87997719　邮编：310014
　　　　　网址：www.hzcbs.com
排　　版　杭州浙信文化传播有限公司
印　　刷　浙江新华数码印务有限公司
开　　本　710 mm × 1000 mm　1/16
印　　张　15.25
字　　数　180 千
版 印 次　2023 年 10 月第 1 版　2023 年 10 月第 1 次印刷
书　　号　ISBN 978-7-5565-2043-5
定　　价　60.00 元